François Lelord
Hectors Reise

D0802386

Zu diesem Buch

Es war einmal ein junger Psychiater, der Hector hieß. Er trug eine kleine, intellektuelle Brille und verstand es, den Leuten mit nachdenklicher Miene und echtem Interesse zuzuhören. Hector war ein ziemlich guter Psychiater. Und trotzdem war er mit sich nicht zufrieden. Weil er ganz deutlich sah, daß er die Leute nicht glücklich machen konnte … Kurz entschlossen begibt sich Hector auf eine Weltreise, in der Hoffnung, das Geheimnis des Glücks zu entdecken. Und allen, denen er begegnet, stellt er dieselbe Frage, die wiederum bei Männern meist Belustigung, bei Frauen eher Tränen hervorruft: »Sind Sie glücklich?« Warum träumen wir so oft von einem glücklicheren Leben? Liegt das Glück im beruflichen Erfolg oder im privaten? Hängt es von den Umständen ab oder von unserer Sichtweise? Am Ende seiner Abenteuer hat Hector dreiundzwanzig Antworten und erkennt: nichts ist einfacher, als wahres Glück zu finden.

François Lelord, geboren 1953 in Paris, studierte Medizin und Psychologie und wurde Psychiater, schloß 1996 jedoch seine Praxis, um sich und seinen Lesern die wirklich großen Fragen des Lebens zu beantworten. Er ist viel auf Reisen, besonders gerne in Asien, und lebt nach einem Jahr in Kalifornien heute in Paris und Hanoi, wo er seit 2004 Psychiater an der französischen Klinik ist. Seine Bücher »Hectors Reise oder die Suche nach dem Glück« und »Hector und die Geheimnisse der Liebe« wurden internationale Erfolge und standen wochenlang ganz oben auf den deutschen Bestsellerlisten. Zuletzt erschien von ihm auf deutsch »Hector und die Entdeckung der Zeit«.

François Lelord
Hectors Reise

oder die Suche nach dem Glück

Aus dem Französischen von
Ralf Pannowitsch

Piper München Zürich

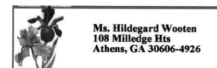

Von François Lelord liegen bei Piper vor:
Hectors Reise oder die Suche nach dem Glück (SP 4828)
Hector und die Geheimnisse der Liebe
Hector und die Entdeckung der Zeit
Die Macht der Emotionen (mit Christophe André, SP 4631)

FSC

Dieses Taschenbuch wurde auf FSC-zertifiziertem Papier gedruckt.
FSC (Forest Stewardship Council) ist eine nichtstaatliche, gemeinnützige
Organisation, die sich für eine ökologische und sozialverantwortliche
Nutzung der Wälder unserer Erde einsetzt (vgl. Logo auf der Umschlag-
rückseite).

Ungekürzte Taschenbuchausgabe
1. Auflage November 2006
9. Auflage April 2007
© 2002 Éditions Odile Jacob, Paris
Titel der französischen Originalausgabe:
»Le voyage d'Hector ou la recherche du bonheur«
© der deutschsprachigen Ausgabe:
2004 Piper Verlag GmbH, München
Umschlag / Bildredaktion: Büro Hamburg
Heike Dehning, Charlotte Wippermann,
Alke Bücking, Daniel Barthmann
Umschlagabbildung: Simona Petrauskaite-Berthold
Foto Umschlagrückseite: Thomas Lehmann / Piper
Papier: Munken Print von Arctic Paper Munkedals AB, Schweden
Gesamtherstellung: Clausen & Bosse, Leck
Printed in Germany   ISBN 978-3-492-24828-0

www.piper.de

Gewidmet all jenen,
die Hector inspiriert haben

Hector ist nicht zufrieden

Es war einmal ein junger Psychiater, der Hector hieß und mit sich nicht besonders zufrieden war.

Hector war unzufrieden, und doch sah er wie ein richtiger Psychiater aus: Er trug eine Brille mit kleinen runden Gläsern, die ihm einen intellektuellen Anstrich verlieh; er verstand es, den Leuten mit nachdenklicher Miene zuzuhören und dabei »Hmm ...« zu machen, ja er hatte sogar einen kleinen Schnurrbart, an dem er herumzwirbelte, wenn er sehr nachdachte.

Sein Sprechzimmer sah ebenfalls aus wie das eines richtigen Psychiaters: Es gab dort eine altertümliche Couch (ein Geschenk seiner Mutter, als er die Praxis eingerichtet hatte), Nachbildungen von ägyptischen oder hinduistischen Figuren und eine große Bibliothek voller Bücher, die schwer zu lesen waren, manche von ihnen so schwer, daß er sie gar nicht erst gelesen hatte.

Viele Leute wollten bei Hector einen Termin haben, nicht bloß, weil er wie ein richtiger Psychiater aussah, sondern weil er ein Geheimnis kannte, von dem alle guten Ärzte wissen und das man an der Universität nicht lernt: Er interessierte sich wirklich für seine Patienten.

Wenn die Leute zum ersten Mal einen Psychiater aufsuchen, sind sie oftmals ein wenig verlegen. Sie haben Angst, er könnte sie für verrückt halten, obgleich sie doch wissen, daß er solche Leute gewohnt ist. Oder manchmal fürchten sie auch, ihr Fall wäre in seinen Augen nicht schlimm genug, und er würde ihnen sagen, sie sollten sich anderswo behandeln lassen. Aber weil sie nun einmal den Termin ausgemacht haben und gekommen sind, entschließen sie sich doch, von ihren wunderlichen kleinen Manien zu erzählen, von den seltsamen Gedanken, die ihnen durch den Kopf gehen und die sie noch niemandem anvertraut haben, obwohl sie ihnen große Schmerzen bereiten, von den großen Ängsten oder den mächtigen Traurigkeiten, die ihnen ein gutes Leben unmöglich machen. Sie fürchten auch, nicht richtig erzählen zu können und den Arzt zu langweilen. Und man muß schon sagen, daß Psychiater manchmal gelangweilt oder ermüdet aussehen. Wenn man das nicht gewohnt ist, kann man sich sogar fragen, ob sie einem überhaupt zugehört haben.

Aber bei Hector war das fast nie so: Er schaute die Leute an, wenn sie ihre Geschichte erzählten, er nickte ermutigend, machte seine kleinen »Hmm«s und zwirbelte dabei den Schnurrbart, und manchmal sagte er sogar: »Warten Sie, erklären Sie mir das. Ich habe es nicht genau verstanden.« Außer an den Tagen, an denen Hector sehr müde war, spürten die Leute, daß er wirklich hinhörte und ihre Geschichten sogar interessant fand.

Und so kamen die Leute von neuem in seine Sprechstunde, machten viele Termine aus, reichten seinen Namen an Freunde weiter oder sprachen mit ihrem Hausarzt darüber, der andere Patienten an Hector überwies. Bald brachte Hector lange Tage damit zu, anderen Leuten zuzuhören, und er begann, eine Menge Steuern zu zahlen, selbst wenn er die Konsultationen nicht sehr teuer in Rechnung stellte. (Seine Mutter sagte ihm immer, er solle mehr Geld verlangen, aber ihm war das peinlich.)

Eine Konsultation kostete bei ihm beispielsweise weniger als bei Madame Irina, die eine ziemlich berühmte Hellseherin war. Übrigens hatte auch sie ihm geraten: »Doktor, Sie sollten Ihre Tarife anheben.«

»Na so was«, hatte Hector entgegnet, »das haben mir schon andere gesagt.«

»Ich spreche zu Ihnen wie eine Mutter; ich sehe, was gut für Sie wäre, Doktor.«

»Ja genau, wie steht es denn im Moment mit Ihrem Sehen?«

Dazu muß man erklären, daß Madame Irina in Hectors Sprechstunde gekommen war, weil es ihr nicht mehr gelang, in die Zukunft zu schauen. Sie hatte großen Kummer gehabt wegen eines Herrn, der sie verlassen hatte, und seither sah sie nicht mehr wirklich in die Zukunft.

Zwar schaffte sie es dennoch, pfiffig, wie sie war, ihren Kunden irgend etwas Interessantes zu erzählen, aber weil auch ein wenig Ehrgefühl in ihr steckte, verdroß es sie, nicht mehr so hellsehen zu können wie früher. Also gab ihr Hector Pillen für Leute, die allzu traurig sind, und sie begann wieder ein bißchen zu sehen.

Hector wußte nicht recht, was er davon halten sollte.

Er war nicht nur erfolgreich, weil er es verstand, den Leuten zuzuhören. Er kannte auch die Tricks und Kniffe seines Metiers.

Zunächst einmal wußte er, wie man eine Frage mit einer Frage beantwortet. Fragte ihn beispielsweise jemand »Glauben Sie, daß ich da wieder rauskommen kann, Herr Doktor?«, dann erwiderte er: »Was heißt für Sie *wieder rauskommen*?« Das zwang die Leute, über ihren

Fall nachzudenken, und so half ihnen Hector, die Mittel zu finden, mit denen sie »wieder rauskamen«.

Dann wußte er auch gut über die Medikamente Bescheid. In der Psychiatrie ist das ziemlich einfach, weil es dort nur vier große Gruppen von Medikamenten gibt: Pillen, die man nimmt, wenn man zu traurig ist – die Antidepressiva –, Pillen, die man nimmt, wenn man zu viel Angst hat – die Anxiolytika –, Pillen, die man nimmt, wenn man wirklich zu bizarre Gedanken hat oder Stimmen hört – die Neuroleptika –, und dann Pillen, mit denen man die allzu hohen Höhen und die allzu tiefen Tiefen vermeidet – die Stimmungsstabilisierer. Nun ja, etwas komplizierter ist es schon, denn für jede Art von Medikamenten gibt es wenigstens ein Dutzend verschiedene Präparate mit komischen Namen, die sich eigens jemand ausgedacht hat, und der Psychiater muß jene Marke finden, die einem am besten zusagt. Mit den Medikamenten ist es ein bißchen wie mit Desserts: Es mag nicht jeder die gleichen.

Wo Medikamente nicht ausreichten oder die Leute ganz einfach keine benötigten, hatte Hector ein anderes Hilfsmittel, die Psychotherapie. Das ist ein kompliziertes Wort, aber es besagt einfach nur, daß man den Leuten hilft, indem man ihnen zuhört und mit ihnen spricht. Aber aufgepaßt: nicht so, wie man alle Tage miteinander redet, sondern nach einer speziellen Methode. Wie bei den Pillen gibt es auch bei den Psychotherapien verschiedene Arten. Manche wurden von Leuten erfunden, die schon lange tot sind. Hector hatte eine Psychotherapie erlernt, deren Erfinder noch lebten, obgleich auch sie schon ziemlich alt waren. Es war eine Methode, bei der sich der Psychiater mit seinen Patienten unterhielt, und auch das mochten die Leute, denn manchmal hatten sie schon Psychiater angetroffen, die so gut wie nicht mit ihnen sprachen, und daran hatten sie sich nicht gewöhnen können.

Bei Madame Irina hatte es Hector kaum mit der Psychotherapie versucht, denn sobald er ihr eine Frage stellen wollte, sagte sie: »Doktor, ich weiß schon, was Sie mich fragen wollen.«

Am schlimmsten war, daß sie häufig recht hatte (wenngleich nicht immer).

Mit den Kniffen seines Berufes, den Medikamenten, den Psychotherapien und seinem Geheimnis, sich wirklich für die Leute zu interessieren, war Hector also ein ziemlich guter Psychiater, was bedeutet, daß er zu den gleichen Ergebnissen gelangte wie ein guter Arzt, ein guter Herzspezialist beispielsweise: Manche seiner Patienten heilte er völlig; andere hielt er bei ordentlicher Gesundheit unter der Bedingung, daß sie jeden Tag ihre Pille einnahmen und von Zeit zu Zeit vorbeikamen, um mit ihm zu reden; einigen schließlich konnte er gerade mal helfen, ihre Krankheit zu ertragen, indem er versuchte, diese Krankheit so wenig schlimm werden zu lassen wie möglich.

Und trotzdem war Hector mit sich nicht zufrieden. Er war nicht zufrieden, weil er ganz deutlich sah, daß er die Leute nicht glücklich machen konnte.

Hector stellt sich Fragen

Hector hatte seine Praxis in einer großen Stadt mit breiten Alleen, die von schönen alten Gebäuden gesäumt wurden. Diese Stadt unterschied sich von den meisten Großstädten der Welt: Ihre Bewohner aßen, bis sie satt waren; sie konnten sich kostenlos behandeln lassen, wenn sie krank wurden; die Kinder gingen zur Schule, und die meisten Leute hatten eine Arbeit. Man konnte auch zu vielen verschiedenen Filmvorführungen gehen und mußte dafür nicht sehr teuer bezahlen; es gab Museen, Schwimmbäder und sogar ein paar Ecken, wo man radeln konnte, ohne überfahren zu werden. Die Leute konnten auch jede Menge Fernsehprogramme empfangen, sie konnten alle möglichen Zeitungen lesen, und die Journalisten hatten das Recht, beinahe alles zu schreiben, was sie wollten. Die Leute hatten eine Menge Urlaub, selbst wenn das manchmal ein Problem war für diejenigen, die nicht genug Geld hatten zum Verreisen.

Obwohl alles besser lief als in den meisten großen Städten der Erde, gab es dennoch Leute, die gerade mal genug Geld hatten zum Leben; es gab Kinder, die es nicht ertragen konnten, in die Schule zu gehen, und schlimme Dummheiten anstellten, oder sogar welche, die keine Eltern mehr hatten, die sich um sie hätten sorgen können. Es gab auch große Leute, die keine Arbeit hatten, und Leute, die dermaßen unglücklich waren, daß sie sich selbst zu behandeln versuchten, indem sie alles mögliche Zeug tranken oder ganz üble Pillen einnahmen. Aber diese Leute wohnten nicht in Hectors Stadtviertel. Trotzdem wußte er, daß es sie gab, denn er hatte viele von ihnen behandelt, als er noch am Krankenhaus gearbeitet hatte. Und das ging sogar weiter: Jeden Mittwoch war Hector nicht in seiner Praxis, sondern im Krankenhaus. Und dort traf er solche Leute wie Roger, den er fragte: »Roger, haben Sie auch Ihre Medikamente eingenommen?«

»Ja, ja, der Herr ist mein Hirte, er leitet meine Schritte.«

»Das ist wohl so, aber haben Sie auch die Medikamente genommen?«

»Ja, ja, der Herr ist mein Hirte, er leitet meine Schritte.«

Roger glaubte, daß der liebe Gott unaufhörlich zu ihm sprach, er hörte sozusagen Stimmen, und wenn er ihnen antwortete, redete er ganz laut. Warum auch nicht, werden Sie sagen. Das Problem war nur, daß Roger manchmal seine Medikamente nicht nahm und dann ganz alleine auf der Straße vor sich hinredete und sogar richtig laut, wenn er einen getrunken hatte. Und dann gab es Leute, die nicht nett waren und sich über ihn lustig machten. Weil Roger aber ziemlich stämmig war, ging das manchmal nicht gut aus, und er landete für einige Zeit in der Nervenklinik.

Roger hatte eine Menge andere Probleme: Er hatte niemals einen Vater oder eine Mutter gehabt, die für ihn dagewesen wären, in der Schule hatte es nicht recht geklappt, und seitdem er mit dem lieben Gott redete, wollten ihn die Leute nirgendwo mehr einstellen. Also füllte Hector zusammen mit einer Dame von der Sozialfürsorge haufenweise Formulare aus, damit Roger seine kleine Einzimmerwohnung in einem Viertel, wo Sie nicht unbedingt gern gelebt hätten, behalten konnte.

In Hectors Praxis ging es ganz anders zu als im Krankenhaus: Die Damen und Herren, die zu ihm in die Sprechstunde kamen, hatten in der Schule ziemlich gute Noten gehabt und waren von einem Vater und einer Mutter großgezogen worden. Sie hatten eine Arbeit, und wenn sie einmal keine mehr hatten, schafften sie es meist, eine neue zu finden; im allgemeinen waren sie gut gekleidet und konnten ihre Geschichte erzählen, ohne grammatische Fehler zu machen, und die Damen waren oft ziemlich hübsch (das machte die Sache für Hector bisweilen kompliziert).

Manche waren dennoch richtig krank oder hatten ein richtiges Unglück erlebt, und in diesen Fällen gelang es Hector größtenteils, sie mit Psychotherapien und Medikamenten zu behandeln. Aber es waren auch viele dabei, die keine richtigen Krankheiten hatten, jedenfalls nicht solche, wie sie Hector als Student zu behandeln gelernt hatte, und sie hatten auch kein richtiges Unglück erlebt wie etwa, daß ihre Eltern nicht gut zu ihnen gewesen wären oder daß sie einen sehr geliebten Menschen verloren hätten. Und trotzdem waren diese Leute nicht glücklich.

Zum Beispiel sah Hector in seiner Sprechstunde ziemlich oft Adeline, eine reizende junge Dame.

»Wie geht's?« fragte Hector sie.

»Sie hoffen wohl, daß ich Ihnen eines Tages ›Danke, sehr gut‹ antworten werde?«

»Warum denken Sie, daß ich das hoffe?«

»Sie müssen meine Geschichten doch langsam ein bißchen satt haben, oder?«

Da hatte Adeline nicht ganz unrecht, selbst wenn Hector sie im Grunde gut leiden konnte. Adeline hatte Erfolg in ihrem Beruf, sie war Marketingspezialistin, wie man das heute nennt; sie verstand also die Dinge viel teurer zu verkaufen, als sie es eigentlich wert waren, und so waren ihre Chefs hochzufrieden mit ihr und gaben ihr oft fette Prämien.

Aber sie beklagte sich immerzu, vor allem über die Männer. Weil sie recht charmant war, hatte sie immer einen Mann in ihrem Leben, aber es lief niemals so, wie es sollte: Entweder war er nett zu ihr, aber dann fand sie ihn nicht aufregend, oder aber er war aufregend, und sie fand, daß er nicht besonders nett war; manchmal war er auch weder nett noch aufregend, und dann fragte sie sich, was sie eigentlich mit ihm anfangen sollte. Dazu kam, daß es immer ziemlich bedeutende Herren sein mußten, denn wer nicht bedeutend war, brauchte es bei Adeline gar nicht erst zu versuchen.

Indem er ihr eine Reihe von Fragen stellte, versuchte Hector ihr klarzumachen, daß der Gipfel des Glücks nicht unbedingt ein Maximum an Aufregung mit einem höchst wichtigen und dazu noch richtig netten Mann ist (vor allem können Sie sich ja vorstellen, wie leicht so einer zu finden ist – sehr wichtig und sehr nett zugleich ...). Aber es war schwierig, denn Adeline war nun einmal anspruchsvoll.

Er traf auch Männer, die ein bißchen wie Adeline dachten: Sie wollten die alleraufregendste Frau, aber gleichzeitig sollte sie so richtig lieb zu ihnen sein und noch dazu Erfolg haben im Leben. In puncto Arbeit lief es genauso: Sie wollten einen richtig bedeutenden Job, der ihnen aber auch die Freiheit ließ, sich »selbst zu verwirklichen«, wie manche das ausdrückten. Selbst wenn sie in einem Job ganz erfolgreich waren, fragten sie sich, ob sie mit einer anderen Arbeit nicht viel glücklicher gewesen wären.

Alles in allem sagten diese eher gut gekleideten Leute also, daß sie ihr jetziges Leben nicht mochten; sie stellten sich Fragen über ihren Beruf, sie fragten sich, ob sie mit der richtigen Person verheiratet oder beinahe verheiratet waren, sie hatten den Eindruck, daß sie in ihrem Leben gerade etwas Wichtiges verpaßten und die Zeit ihnen zwischen den Fingern verrann, daß sie es nicht schafften, all das zu sein, was sie sein wollten.

Sie fühlten sich nicht glücklich, und das war nicht gerade zum Lachen; einige dachten sogar daran, sich umzubringen, und Hector mußte sich sehr um sie kümmern.

Eines Tages fragte er sich, ob er solche Leute womöglich richtiggehend anzog. Vielleicht lag in seiner Art zu reden etwas, das ihnen besonders gefiel? Oder in der Art und Weise, wie er sie ansah und seinen Schnurrbart zwirbelte, vielleicht sogar in seinen Hindu-Figürchen? In ganz beiläufigem Ton erkundigte er sich bei seinen Kollegen, die sich schon vor längerer Zeit niedergelassen hatten. Kümmerten sie sich bloß um Patienten mit richtigen Krankheiten? Die Kollegen guckten Hector an, als hätte er eine etwas dämliche Frage gestellt. Natürlich befaßten sie sich nicht nur mit Leuten, die richtig krank waren! In ihrer Sprechstunde hatten auch sie viele Personen, die mit ihrem Leben nicht zufrieden waren und sich unglücklich fühlten. Und aus dem, was sie sagten, schloß Hector, daß sie es mit diesen Leuten auch nicht viel besser hinbekamen als er.

Noch seltsamer war jedoch, daß es in diesen Stadtteilen, wo die meisten Leute viel mehr Glück hatten als die Bewohner der anderen Viertel, mehr Psychiater gab als in allen anderen Stadtteilen zusammen und daß dort Monat für Monat neue Praxen öffneten. Und wenn man auf die Weltkarte der Psychiatrie schaute (suchen Sie nicht nach ihr, sie ist sehr schwer zu finden), konnte man sehen, daß es in Ländern wie jenem, wo Hector wohnte, viel mehr Psychiater gab als im Rest der Welt, wo doch wesentlich mehr Leute lebten.

All dies war sehr interessant, brachte Hector aber auch nicht weiter. Er hatte den Eindruck, diesen unglücklichen Leuten nicht helfen zu können. Selbst wenn sie gern wieder einen neuen Termin ausmachten, ihn bedrückte es immer mehr. Er hatte bemerkt, daß ihn eine Sprechstunde mit solchen unzufriedenen Leuten viel müder machte als eine Konsultation mit Patienten wie Roger. Und weil er immer häufiger diese Unglücklichen ohne Unglück sah, wurde er immer müder und sogar selbst ein bißchen unglücklich. Er begann sich zu fragen, ob er den richtigen Beruf gewählt hatte, ob er mit seinem Leben zufrieden war und ob er nicht gerade etwas Wichtiges verpaßte. Da bekam er es mit der Angst zu tun, weil er sich fragte, ob diese unglücklichen Leute nicht womöglich ansteckend waren. Er dachte daran, selbst ein paar Pillen zu nehmen (er wußte, daß manche seiner Kollegen welche nahmen), aber er überlegte noch einmal und fand, daß es keine gute Lösung war.

Eines Tages sagte Madame Irina zu ihm: »Doktor, ich sehe, daß Sie sehr müde sind.«

»Oh, es tut mir leid, wenn man das merkt.«

»Sie sollten wirklich Urlaub machen, das würde Ihnen guttun.«

Hector fand diese Idee gut: Wie wäre es, wenn er eine richtige Urlaubsreise machte?

Aber weil er gewissenhaft war, wollte er seine Ferien so einrichten, daß sie ihm dazu dienten, ein besserer Psychiater zu werden.

Und so beschloß er, eine Reise um die Welt zu unternehmen, und überall wollte er versuchen zu begreifen, was die Leute glücklich oder unglücklich machte. Wenn es denn eine geheime Glücksformel gab, sagte er sich, dann würde er sie auf diesem Wege früher oder später gewiß entdecken.

Hector macht eine wichtige Entdeckung

Hector teilte seinen Patienten mit, daß er in Urlaub fahren wolle.

Als sie diese Nachricht vernahmen, sagten manche Patienten, vor allem die mit den schlimmsten Krankheiten: »Sie haben recht, Doktor, Sie müssen mal ausspannen. Mit einem Beruf, wie Sie ihn haben ...« Andere hingegen waren ein wenig verärgert, daß Hector in Urlaub fuhr. Sie sagten zu ihm: »Dann kann ich also mehrere Wochen lang nicht in Ihre Sprechstunde kommen, oder was?« Dies waren oftmals die unglücklichen Leute, die Hector nicht glücklich zu machen verstand und die ihn so sehr ermüdeten.

Hector hatte eine gute Freundin namens Clara, und auch ihr mußte er verkünden, daß er in Urlaub fahren wollte. Er fragte sie, ob sie nicht Lust hätte mitzukommen, und er fragte das nicht bloß aus Höflichkeit, sondern weil er Clara sehr mochte und weil sie beide fanden, daß sie sich zu selten sahen.

Hector und Clara liebten sich, aber sie hatten Mühe, sich gemeinsam etwas vorzunehmen. Sie hätten beispielsweise heiraten oder ein Baby bekommen können, aber mal war es Clara, die mehr Lust darauf hatte, mal war es Hector, und es kam praktisch nie vor, daß beide gleichzeitig große Lust hatten.

Clara arbeitete viel, und zwar in einer großen Firma –

einem Pharmalabor, das genau die Pillen fabrizierte, welche die Psychiater verschrieben. So hatte sie eines Tages auch Hector kennengelernt, auf einem Kongreß, der den Psychiatern die neuesten Neuheiten vorstellen sollte, besonders aber die wunderbare neue Pille, die Claras Labor gerade erfunden hatte.

Clara wurde sehr, sehr gut dafür bezahlt, daß sie für die Pillen Namen fand, die den Psychiatern und Patienten in allen Ländern der Erde gefielen. Und auch dafür, daß sie ihnen den Eindruck vermittelte, die Pillen aus ihrem Labor seien viel besser als die der anderen Firmen.

Sie war noch jung, hatte in ihrem Beruf aber schon viel erreicht: Wenn Hector sie in der Firma anrief, konnte er sie fast nie sprechen, weil sie ständig in irgendeiner Sitzung war. Und wenn sie übers Wochenende mit Hector wegfuhr, nahm sie immer Arbeit mit und tippte auf ihrem Laptop, während Hector spazierenging oder neben ihr auf dem Bett schlief.

Als Hector Clara vorschlug, mit ihm gemeinsam zu reisen, entgegnete sie ihm, sie könne doch nicht so mir nichts, dir nichts verschwinden, denn es müsse über den Namen der neuen Pille aus ihrem Labor entschieden werden (einer Pille, die besser sein sollte als alle Pillen, die seit Erschaffung der Welt fabriziert worden waren).

Hector sagte dazu nichts, er verstand es ja, aber trotzdem war er ein wenig verärgert. Er fragte sich, ob eine gemeinsame Reise im Grunde nicht wichtiger war als Sitzungen, auf denen es um den Namen für ein Medikament ging. Aber weil er es durch seinen Beruf gewohnt war, den Standpunkt der anderen zu verstehen, sagte er zu Clara einfach: »Okay, okay, ich sehe es ein.«

Später, als sie in einem Restaurant zu Abend aßen, erzählte Clara, wie kompliziert das Leben in ihrem Büro war. Sie hatte zwei Chefs, die sie beide gut leiden konnten, aber die sich gegenseitig nicht mochten. Das war nun sehr schwierig für Clara, denn arbeitete sie für den einen, riskierte sie immer, den anderen zu verstimmen, und wenn sie für den anderen arbeitete, war es genau umgekehrt, dann war nämlich der eine sauer – Sie wissen schon, was ich meine. Hector verstand nicht recht, weshalb sie zwei Chefs zur gleichen Zeit hatte, aber Clara erklärte ihm, daß dies an einer Sache lag, die »Matrixorganisation« hieß. Hector sagte sich, daß sich das anhörte wie ein Ausdruck, den Psychiater erfunden hatten, und daß man sich deshalb nicht zu wundern brauchte, wenn es die Lage verkomplizierte und die Leute ein bißchen verrückt machte.

Er hatte Clara noch nicht den wahren Grund für seine Reise verraten, denn zu Beginn des Abendessens hatte vor allem Clara geredet und von ihren Bürosorgen berichtet. Weil das Hector auf die Dauer aber ein wenig ermüdete, beschloß er, auf der Stelle mit seiner Umfrage über das, was die Leute glücklich oder unglücklich machte, zu beginnen. Als Clara gerade zu reden aufgehört hatte, um sich ihrem Teller zu widmen, schaute Hector sie an und fragte: »Bist du eigentlich glücklich?«

Clara legte ihre Gabel hin und blickte Hector an. Sie sah ganz betroffen aus und fragte ihn: »Willst du mich verlassen?«

Und Hector sah, daß sie feuchte Augen hatte wie jemand, der gleich zu weinen anfängt. Er legte seine Hand auf die von Clara und erklärte, er wolle sie nicht verlassen, nicht im geringsten (selbst wenn er in Wahrheit manchmal daran gedacht hatte), er habe sie das einfach nur gefragt, weil er seine Untersuchung beginnen wollte.

Clara wirkte jetzt ein bißchen beruhigter, wenn auch nicht sehr, und Hector erklärte ihr, weshalb er besser begreifen wollte, was die Leute eher glücklich oder eher unglücklich machte. Aber schon jetzt wollte er eins wissen: Warum hatte Clara gedacht, Hector möchte sie verlassen, als er sie bloß gefragt hatte, ob sie glücklich war?

Sie entgegnete ihm, daß sie die Frage als Kritik aufgefaßt hatte, so, als hätte Hector ihr gesagt »Du wirst es doch nie schaffen, glücklich zu sein«, und daß sie daraus geschlossen hatte, er wolle nicht mehr bei ihr bleiben, denn selbstverständlich hat kein Mensch Lust, mit jemandem zusammenzuleben, der niemals glücklich wird. Hector antwortete ihr, daß er so etwas überhaupt nicht hatte sagen wollen. Und um sie wieder ganz zu beruhigen, machte er kleine Scherze, die Clara zum Lachen brachten, und diesmal fühlten sich beide gleichzeitig verliebt, bis der Abend vorüber war und sogar noch hinterher, als sie schlafen gingen.

Später, als Hector an Claras Seite einschlief, sagte er sich, daß seine Untersuchung gut begonnen hatte. Schon jetzt hatte er zwei Dinge gelernt.

Eins wußte er ja längst, aber es war gut, wenn er es sich einmal mehr klarmachte: Frauen sind ziemlich kompliziert, selbst für einen Psychiater.

Und die andere Erkenntnis sollte ihm in der Folge noch nützlich sein: Wenn man die Leute fragt, ob sie glücklich sind, muß man sehr aufpassen, weil man sie mit dieser Frage sehr durcheinanderbringen kann.

Hector bricht nach China auf

Hector beschloß, sich nach China aufzumachen. Er war noch nie dort gewesen, und solch eine Reise schien ihm gut geeignet, um über das Glück nachzudenken. Er erinnerte sich an die Abenteuer von Tim und Struppi in *Der blaue Lotos* und auch an Herrn Wang, den Adoptivvater von Tims Freund Tschang. Mit seinem großen weißen Bart und seinem weisen Auftreten wirkte dieser alte chinesische Herr ganz so, als hätte er über das Glück Interessantes zu erzählen, und im heutigen China gab es gewiß immer noch Leute wie ihn. Außerdem wird in *Der blaue Lotos* der Sohn dieses würdigen Herrn verrückt und macht seine Eltern damit sehr unglücklich. Als sie in Tränen ausbrechen, versucht Tim sie zu trösten, aber es gelingt ihm nicht so richtig. Zum Glück kann er später einen berühmten chinesischen Professor aus den Klauen von Bösewichtern befreien, und dieser Professor schafft es, Herrn Wangs Sohn zu heilen. Am Ende ist jedermann sehr froh, und vielleicht hatte der kleine Hector, als er dieses ergreifende Abenteuer las, zum ersten Mal daran gedacht, Psychiater zu werden (selbst wenn er das Wort damals noch nicht kannte). Hector hatte mit Clara auch eine ganze Reihe chinesischer Filme im Kino gesehen und dabei bemerkt, daß die Chinesinnen sehr hübsch waren, auch wenn man von ihnen in *Der blaue Lotos* nicht viel mitbekommen hatte.

Als er ins Flugzeug stieg, hatte die Stewardeß eine gute Nachricht für ihn: Die Fluggesellschaft hatte für den Teil des Flugzeugs, in dem Hector reisen sollte, zu viele Leute vorgesehen, und so bekam er einen Sitzplatz in einem anderen Teil, wo man normalerweise viel mehr bezahlen mußte. Dieser Teil des Flugzeugs nannte sich *business class*, womit man den Anschein erwecken wollte, daß die Leute dort saßen, weil sie in geschäftlichen Angelegenheiten reisten, und nicht einfach, weil es ihnen Spaß machte, einen bequemen Sessel zu haben, Champagner und einen kleinen Fernseher ganz für sich allein.

Hector fühlte sich sehr glücklich, dort zu sitzen. Sein Sessel war wirklich sehr bequem, die Stewardessen hatten ihm Champagner serviert, und er fand, daß sie ihn oft anlächelten, viel häufiger, als wenn er in der anderen Klasse reiste. Vielleicht waren das aber auch die Wirkungen des Champagners.

Während das Flugzeug immer höher in den Himmel stieg, begann er mit dem Nachdenken. Warum fühlte er sich so glücklich, hier zu sitzen?

Natürlich, er konnte nach Belieben die Beine ausstrecken, Champagner trinken und sich entspannen. Aber das konnte er zu Hause in seinem Lieblingssessel auch, und selbst wenn das ebenfalls angenehm war, machte es ihn nicht so glücklich wie in diesem Augenblick und in diesem Flugzeug.

Er ließ seinen Blick durch den Raum schweifen. Zwei oder drei Personen lächelten und ließen ebenfalls ihre Blicke schweifen, und er dachte, daß dies Leute wie er waren, die man mit einem Platz in der *business class* überrascht hatte. Er drehte sich zu seinem Nachbarn hin. Das war ein Herr, der mit ernsthafter Miene eine englischsprachige Zeitung voller Zahlenkolonnen las. Er hatte keinen Champagner genommen, als die Stewardeß ihm welchen angeboten hatte. Er war ein bißchen älter als Hector, auch ein bißchen dicker, und er trug eine Krawatte, auf die kleine Känguruhs gezeichnet waren; also dachte Hector, daß er nicht in den Urlaub fuhr, sondern für seine Arbeit verreiste.

Später begannen sie sich zu unterhalten. Der Herr hieß Charles. und er fragte Hector, ob er zum ersten Mal nach China reise. Hector bejahte das. Charles erklärte, daß er China ein bißchen kenne, denn er hatte dort unten Fabriken, in denen die Chinesen für weniger Geld arbeiteten, als es im Land von Hector und Charles üblich war. »Nicht so teuer wie bei uns und genauso gut!« setzte er hinzu.

In diesen Fabriken stellte man alle möglichen Dinge für Kinder her, Möbel, Spielsachen, elektronische Spiele. Charles war verheiratet und hatte drei Kinder; sie hatten immer eine Menge Spielzeug, weil ihr Papa Fabriken besaß, in denen es hergestellt wurde!

Hector hatte die Ökonomie nie so richtig begriffen, aber er fragte Charles, ob es nicht ärgerlich sei, all das von Chinesen fabrizieren zu lassen, und ob man damit nicht riskiere. den Landsleuten von Hector und Charles die Arbeit wegzunehmen.

Ein bißchen vielleicht schon, erklärte Charles, aber wenn er Arbeiter aus seinem Land beschäftigen würde, wären seine Spielsachen um so vieles teurer als die anderswo produzierten, daß sie sowieso kein Mensch kaufen würde; man brauche es gar nicht erst zu versuchen. »So ist das eben mit der Globalisierung«, sagte Charles zum Schluß. Hector dachte, daß er das Wort Globalisierung auf seiner Reise gerade zum ersten Mal gehört hatte, aber bestimmt nicht zum letzten Mal. Charles fügte noch hinzu, daß die ganze Sache auch etwas Gutes habe, denn so würden die Chinesen weniger arm und könnten ihren Kindern bald Spielzeug kaufen.

Hector sagte sich, daß er mit der Psychiatrie eine gute Wahl getroffen hatte, denn bestimmt passierte es nicht so bald, daß die Leute nach China gingen, um ihre Probleme den chinesischen Psychiatern zu schildern, wenngleich diese gewiß sehr gut waren.

Er stellte Charles noch andere Fragen über China und wollte vor allem wissen, ob die Chinesen sehr anders waren. Charles dachte nach und meinte, letztendlich und im großen und ganzen sei das nicht so. Unterschiede merke man vor allem zwischen den Leuten aus den Großstädten und denen vom Lande, aber das gelte ja für alle Länder der Welt. Allerdings sagte er Hector auch, daß er geringe Chancen haben werde, dort unten jemanden wie den Vater von Tschang zu treffen, denn China habe sich seit der Epoche des *Blauen Lotos* sehr verändert.

Schon seit dem Beginn ihres Gesprächs wollte Hector Charles fragen, ob er glücklich sei, aber er dachte daran, wie Clara reagiert hatte, und wollte diesmal besser aufpassen. Schließlich begann er mit der Bemerkung »Wie komfortabel diese Sitze sind!«, denn er dachte, Charles würde dann vielleicht sagen, daß er sehr froh sei, in der *business class* zu reisen, und man könnte über das Glück reden.

Aber Charles brummte nur: »Pah, die lassen sich lange nicht so gut runterklappen wie die in der *first class*.« Und Hector verstand, daß es für Charles eine Gewohnheit war, in der *business class* zu reisen, aber daß man ihn eines Tages in der *first class* (einem noch teureren Teil des Flugzeugs) plaziert hatte, woran er seitdem stets denken mußte.

Das machte Hector nachdenklich. Charles und er saßen in absolut gleichen Sesseln und tranken den gleichen Champagner, aber all das machte Hector viel glücklicher, denn er war es ja nicht gewohnt. Und noch ein Unterschied: Charles hatte damit gerechnet, in der *business class* zu reisen, während es für Hector eine schöne Überraschung gewesen war.

Es war das erste kleine Glück auf seiner Reise gewesen, aber als er Charles ansah, wurde Hector doch unruhig. Womöglich würde auch er bei seinen nächsten Reisen in der *economy class* jedesmal der *business class* nachtrauern, so, wie Charles heute der *first class* nachtrauerte?

Hector sagte sich, daß er gerade auf eine erste Lektion gestoßen war. Er nahm ein Notizbüchlein, das er sich extra zu diesem Zweck gekauft hatte, und notierte:

Lektion Nr. 1: Vergleiche anzustellen ist ein gutes Mittel, um sich sein Glück zu vermiesen.

Er dachte, daß dies keine besonders positive erste Lehre war, und so versuchte er, gleich noch eine zu finden. Er trank noch ein paar Schlucke Champagner, und dann schrieb er:

Lektion Nr. 2: Glück kommt oft überraschend.

Hector speist gut zu Abend

Bei seiner Ankunft in China war Hector sehr überrascht. Natürlich hatte er nicht erwartet, daß alles genauso aussah wie in *Der blaue Lotos* (Hector ist ja intelligent, vergessen Sie nicht, daß er Psychiater ist) – aber trotzdem ...

Er war in einer Stadt angelangt, in der es viele hohe und moderne Türme aus Glas gab. Sie sahen aus wie jene, die man rund um Hectors Stadt erbaut hatte, um dort Büros einzurichten, bloß daß diese chinesische Stadt am Fuße einer kleinen Bergkette und genau am Meeresufer lag. Die Gebäude und Straßen glichen aufs Haar denen, die man in Hectors Land antraf. Der einzige Unterschied war, daß in den grauen Anzügen lauter Chinesen steckten. Ihr Schritt war eilig, und sie sprachen beim Gehen ziemlich laut in ihre Handys. Er begegnete auch gar nicht wenigen Chinesinnen, und von Zeit zu Zeit war eine sehr hübsche darunter, aber viel seltener als in den Filmen. Sie schienen es eilig zu haben und waren ein bißchen wie Clara angezogen; man spürte, daß auch sie eine Menge Sitzungen haben mußten, wenn sie in ihren Büros waren.

Aus dem Taxi, das ihn zum Hotel brachte, sah Hector nur ein einziges Haus, das einem richtigen chinesischen Haus ähnelte und ein drolliges Dach hatte: Es stand eingezwängt zwischen zwei großen Mietshäusern und war ein Antiquitätengeschäft. Hectors Hotel war ein gläserner Turm und ähnelte all den Hotels, in die er schon zu Kongressen eingeladen worden war, welche die Pharmalabore organisierten. Er sagte sich, daß es schon begann, nicht mehr so richtig nach Ferien auszusehen.

Glücklicherweise hatte Hector einen Freund, der Édouard hieß und in dieser Stadt wohnte. Sie hatten gemeinsam das Gymnasium besucht, aber statt Psychiater zu werden, war Édouard Banker geworden und hatte jetzt viele Seidenkrawatten mit einem Muster aus kleinen Tierchen; er spielte Golf und las jeden Tag englischsprachige Zeitungen voller Zahlen, ein bißchen wie Charles, nur daß Édouard niemals eine Fabrik betreten hatte.

Hector und Édouard trafen sich zum Abendessen in einem Restaurant, ganz oben in einem Hochhausturm. Es war wundervoll dort, man sah die Lichter der Stadt und die Schiffe auf dem Meer. Aber Édouard schien nicht darauf zu achten, er hatte vor allem ein Auge für die Weinkarte.

»Einen französischen, italienischen oder kalifornischen?« fragte er Hector sogleich.

Hector entgegnete: »Was für einen magst du am liebsten?« Denn wie wir schon sagten, verstand er es, eine Frage mit einer anderen Frage zu beantworten, und so schaffte es Édouard, selbst herauszufinden, welche Weine er bestellen sollte.

Édouard sah ein ganzes Stück älter aus als bei seiner letzten Begegnung mit Hector. Er hatte Tränensäcke unter den Augen und so etwas Ähnliches auch ein bißchen unterm Kinn, und er wirkte sehr, sehr müde. Er erklärte Hector, daß er achtzig Stunden pro Woche arbeitete. Hector rechnete aus, daß das beinahe doppelt so viele Arbeitsstunden wie bei ihm waren, und Édouard tat ihm wirklich leid: Es war schrecklich, wenn man so viel arbeiten mußte. Aber als Édouard ihm erzählte, wieviel Geld er verdiente, rechnete Hector aus, daß es das Siebenfache seines eigenen Einkommens war, und da tat ihm Édouard schon weniger leid. Und als er sah, was die Weine kosteten, die Édouard bestellt hatte, sagte er sich, daß sein Freund glücklicherweise soviel Geld verdiente, denn wie hätte er sonst die Rechnung bezahlen können?

Weil Édouard ein alter Freund war, hatte Hector gar kein unbehagliches Gefühl dabei, ihn zu fragen, ob er glücklich sei. Édouard lachte, aber es war kein Lachen, wie es die wirklich zufriedenen Leute haben. Er erklärte Hector, daß man bei so viel Arbeit nicht einmal die Zeit hat, sich diese Frage zu stellen. Das sei im übrigen auch der Grund, weshalb er seine Arbeit hinwerfen werde.

»Jetzt gleich, auf der Stelle?« fragte ihn Hector überrascht. Er überlegte, ob Édouard das vielleicht spontan beschlossen hatte, weil er sah, daß Hector weniger müde wirkte als er selbst.

»Nein, ich höre auf, wenn ich drei Millionen Dollar verdient habe.«

Édouard erläuterte, daß dies in seinem Beruf gängige Praxis war. Die Leute arbeiteten viel, und sobald sie genügend Geld verdient hatten, gaben sie ihren Posten auf und machten etwas anderes oder manchmal auch gar nichts.

»Und dann sind sie glücklich?« wollte Hector wissen.

Édouard dachte angestrengt nach und meinte dann, daß viele Leute, nachdem sie jahrelang so hart gearbeitet hatten, schon ein bißchen verkorkst waren, wenn sie aufhörten: Sie hatten Probleme mit der Gesundheit, und manche hatten sich daran gewöhnt, schlechte Pillen zu nehmen, um noch länger arbeiten zu können, und kamen nur mit Mühe davon los. Oftmals waren sie geschieden, weil es immerzu Sitzungen gab und sie deshalb ihre Frauen nicht sehen konnten. Sie machten sich auch Sorgen um ihr Geld (denn selbst wenn man eine Menge verdient hat, kann man es wieder verlieren, besonders wenn man alle Tage solche Weine bestellt wie Édouard), und oftmals wußten sie nicht mehr recht, was sie mit sich anfangen sollten, denn bis dahin hatten sie nichts anderes gekannt als ihre Arbeit.

»Trotzdem kommen einige ganz gut zurecht«, sagte Édouard.

»Welche sind das?« fragte ihn Hector.

»Diejenigen, die weitermachen«, entgegnete Édouard.

Und er hörte zu reden auf, um das Etikett der Weinflasche zu betrachten, die ihm der chinesische Weinkellner hinhielt (ein chinesischer Weinkellner sieht aus wie ein normaler Weinkellner, außer daß er Chinese ist).

Hector bat Édouard, ihm zu erklären, worin seine Arbeit eigentlich bestand. Édouards Bereich nannte sich »Fusionen und Übernahmen«. Da war Hector schon ein bißchen im Bilde, denn zwei von den Pharmalaboren, die für die Psychiater die Pillen fabrizierten, hatten eine Fusion gemacht. Sie waren zu einem einzigen großen Labor geworden und trugen jetzt einen neuen Namen, der nichts sagte. Komisch war bloß, daß das große Labor schlechter funktionierte als vorher die beiden kleineren. Hector hatte mitbekommen, daß nicht wenige Leute (jene, die in den Zeitungen die Seiten mit den Zahlenkolonnen lesen) viel Geld verloren hatten und unzufrieden waren. In der gleichen Zeit waren Leute, die in den beiden früheren Laboren gearbeitet hatten, zu ihm in die psychiatrische Sprechstunde gekommen! Sie hatten große Angst oder waren sehr traurig, denn selbst wenn das neue Labor nur einen einzigen Namen hatte, wußten die Leute aus den beiden alten Laboren doch, wer von welcher Seite gekommen war; die einen verstanden sich nicht gut mit den anderen, und viele fürchteten, ihre Arbeit zu verlieren.

Édouard sagte, das wundere ihn gar nicht, denn mit den Fusionen sei das oft so: Am Ende lief es nicht besonders, die reichen Leute verloren ihr Geld und die nicht so reichen ihre Arbeit.

»Aber weshalb gibt es dann immer noch Fusionen?« fragte Hector.

»Damit wir was zu tun haben«, sagte Édouard und lachte.

Es machte ihm Vergnügen, Hector zu treffen; er sah schon viel zufriedener aus als zu Beginn des Abendessens.

Hector nähert sich dem Glück an

Als sie fertiggegessen hatten, machte Édouard sogar einen sehr zufriedenen Eindruck, aber offensichtlich genügte ihm das nicht, denn er wollte mit Hector unbedingt noch anderswohin gehen.

»Du mußt ja China kennenlernen«, sagte er, obgleich Hector sich fragte, ob die Orte, die Édouard gern besuchte, dieses Restaurant zum Beispiel, das wirkliche China waren. Er wäre lieber ins Hotel zurückgefahren, um aufzuschreiben, was er gerade übers Glück gelernt hatte, aber weil Édouard ein guter Freund war, willigte er ein und ging mit.

Am Eingang stand ein sehr großer und sehr gut gekleideter Chinese, der hinterm Ohr ein Mikrofonkabel hatte. Als er Édouard sah, zwinkerte er ihm zu.

Innen sah es wie in einer großen Bar aus, es gab angenehme Musik, eine sehr gedämpfte Beleuchtung und nicht wenige Leute wie Hector und Édouard, also nicht bloß Chinesen. Hector bemerkte sofort, daß es hier Chinesinnen gab, die genauso hübsch waren wie in den Filmen, manche von ihnen sogar so hübsch, daß es ein wenig weh tat, wenn man sie anschaute. Sie schienen sich gut zu amüsieren; sie redeten mit Männern wie Hector und Édouard, und auch diese Männer schienen sich gut zu amüsieren.

Édouard bestellte eine Flasche Weißwein, und man

stellte sie ihm auf die Bar in einen Kübel mit Eis. Gleich darauf erschien eine hübsche Chinesin und begann sich mit Édouard zu unterhalten. Sie mußten sich gut kennen, denn sie lachte zu allen Späßen, die Édouard machte, und von Zeit zu Zeit sagte sie ihm Dinge ins Ohr, über die auch er lachen mußte.

Wenngleich das alles recht nett war, erinnerte sich Hector doch daran, daß er diese Reise machte, um etwas über das Glück zu lernen, und er wollte nicht wieder vergessen, was er während des Abendessens begriffen hatte.

Er zückte sein Notizbüchlein, legte es auf die Bar und begann seine Eintragungen zu machen.

Er dachte an all die Leute, die viel arbeiteten, um eines Tages mit drei Millionen Dollar aufzuhören.

Lektion Nr. 3: Viele Leute sehen ihr Glück nur in der Zukunft.

Und dann dachte er an die, die in den Unternehmen entscheiden.

Lektion Nr. 4: Viele Leute denken, daß Glück bedeutet, reicher oder mächtiger zu sein.

»Was machen Sie da?«

Hector schaute von seinem Büchlein auf und erblickte die hübscheste Chinesin, die er je gesehen hatte. Sie sah ihn an und lächelte. (Eigentlich hatte sie ja gesagt »*What are you doing?*«, aber weil dies kein Lehrbuch für Fremdsprachen ist, werde ich Ihnen alles übersetzen.)

Hector war ziemlich aufgeregt, aber er schaffte es trotzdem, ihr auf Englisch zu erklären, daß er Aufzeichnungen machte, um besser zu verstehen, was die Leute glücklich oder unglücklich machte. Die hübsche Chinesin lachte darüber auf sehr charmante Weise, und Hector begriff, daß sie glaubte, er hätte nur einen Scherz gemacht. Also erläuterte er ihr ein wenig genauer, weshalb er diese Notizen machte, und da hörte sie auf zu lachen und sah ihn auf seltsame Weise an, aber selbst diese seltsame Weise war sehr charmant, wenn Sie verstehen, was ich meine.

Hector machte sich mit der hübschen Chinesin bekannt. Sie hieß Ying Li und war Studentin.

»Studentin in was?« fragte Hector.

»In Tourismus«, antwortete Ying Li.

Hector verstand nun, weshalb sie an diesen Ort kam, denn es war wirklich eine gute Gelegenheit, um die Touristen kennenzulernen, die China besuchten. Ying Li stellte ihm Fragen zu seinem Beruf, und Hector erzählte ihr die Geschichte von den Leuten, die Angst haben, traurig sind oder wunderliche Gedanken haben. Ying Li schien das sehr interessant zu finden und meinte, wenn sie traurig sei, gehe sie ihre Freundinnen besuchen, und hinterher fühle sie sich besser. Hector fragte, ob sie schon immer in dieser Stadt gelebt habe, und Ying Li begann ihm zu erzählen, daß sie aus einem anderen Teil von China kam, wo die Leute sehr arm sind, und daß sie sehr zufrieden war, jetzt hier zu leben. Sie hatte auch Schwestern, aber die waren dort unten geblieben. Die Schwestern waren keine Tourismusstudentinnen, sie arbeiteten in solchen Fabriken, wie sie Charles in China gebaut hatte. Ying Li erzählte Hector immer mehr, denn Hectors Trick, sich wirklich für die Leute zu interessieren, begann wieder zu wirken, ohne daß er es eigentlich merkte.

Nach einer Weile klopfte Édouard ihm auf die Schulter: »Na, wie geht's, amüsierst du dich gut?« Hector sagte jaja, er dachte aber, daß »sich amüsieren« ganz und gar nicht das passende Wort war: Er hatte sich in Ying Li verliebt

Sie machte mit ihrer Geschichte weiter, aber Hector hörte nicht immer genau hin, denn Ying Li war so süß, daß es schwierig war, sie anzuschauen und ihr gleichzeitig zuzuhören.

Schließlich begannen die Leute aufzubrechen, und auch Hector und Édouard machten sich auf den Weg. Einen Moment später saßen sie zu viert in einem Taxi, das draußen gewartet hatte: Édouard mit seiner chinesischen Freundin, Ying Li und Hector, der sich neben den Fahrer gesetzt hatte. Édouard sagte dem Fahrer auf Chinesisch, wohin es gehen sollte, und rasch waren sie vor Hectors Hotel angelangt. Da fiel Hector ein, daß er Ying Li nicht nach ihrer Telefonnummer gefragt hatte. Mein Gott, was sollte er anstellen, um sie wiederzusehen? Aber er machte sich umsonst Sorgen, denn Ying Li stieg gleich nach ihm aus dem Taxi, während Édouard und seine Chinesin weiterfuhren und sie allein vor dem Hotel stehenließen.

Hector war ein bißchen verlegen, aber er sagte sich, als Mann müsse man Entscheidungen treffen können, selbst als Psychiater, und so nahm er Ying Li bei der Hand. Sie durchqueren die Eingangshalle des Hotels, ohne auf die Angestellten am Rezeptionsschalter zu achten, und dann standen sie schon im Fahrstuhl.

Und dort küßte ihn Ying Li.

Was dann geschah, braucht man nicht groß zu erzählen, denn Hector und Ying Li gingen natürlich in Hectors Zimmer, wo sie miteinander machten, was die Leute machen, wenn sie verliebt sind, und jeder weiß ja, wie das geht.

Als Hector am nächsten Morgen erwachte, hörte er Ying Li schon im Badezimmer trällern. Das bereitete ihm großes Vergnügen, selbst wenn ihm der Kopf sehr weh tat von all den Flaschen, die Édouard bestellt hatte.

Ying Li kam aus dem Badezimmer und hatte sich ein Handtuch umgewickelt; als sie sah, daß Hector aufgewacht war, lachte sie wieder ihr charmantes Lachen.

In diesem Augenblick klingelte das Telefon, und Hector hob den Hörer ab. Es war Édouard, der fragen wollte, ob der Rest des Abends gut gelaufen war. Hector sagte jaja, aber er konnte es schlecht im Detail erklären, weil Ying Li vor ihm stand und ihn anschaute.

»Ich habe sie für dich ausgesucht«, sagte Édouard, »ich war sicher, daß sie dir gefallen würde. Mach dir keine Sorgen, ich habe mich um alles gekümmert.«

Und da begriff Hector mit einem Male die ganze Geschichte. Und er sah, daß Ying Li auch gerade begriffen hatte, daß er begriffen hatte, und sie hörte auf zu lächeln und sah ein bißchen traurig aus.

Auch Hector fühlte sich traurig, aber er war trotzdem freundlich zu Ying Li, und als sie fortging und ihm ihre Telefonnummer aufschrieb, gab er ihr einen kleinen Kuß auf die Wange.

Er legte sich wieder aufs Bett, und ein Weilchen später griff er nach seinem Notizbüchlein. Er dachte nach und schrieb dann:

Lektion Nr. 5: Manchmal bedeutet Glück, etwas nicht zu begreifen.

Hector ist unglücklich

An diesem Morgen fühlte sich Hector überhaupt nicht gut. Er verließ sein Hotel und beschloß, einen Kaffee trinken zu gehen. Er fand ein großes und sehr modernes Café, in dem man nicht nur simplen Kaffee servierte, sondern eine Menge Sorten. Orte wie diesen, die alle denselben Namen trugen, hatte er schon in allen großen Städten der Welt gesehen, in die er zu Kongressen gereist war, also war das ganz praktisch, und er wußte bereits, wie man in so einem Laden bestellen mußte, bloß daß dieses Café voller Chinesen und Chinesinnen war, die miteinander redeten oder Zeitung lasen, und die Kellner und Kellnerinnen kamen auch alle aus China.

Er setzte sich an einen Tisch beim Schaufenster, um auf die Straße sehen zu können (wo viele Chinesen entlanggingen, was Sie sicher schon geahnt haben).

Er fühlte sich ein bißchen unglücklich.

Aber im Grunde konnte ihn auch das Unglücklichsein etwas übers Glück lehren. So diente es auf seiner Reise wenigstens zu etwas. Er begann zu überlegen. Weshalb war er eigentlich unglücklich?

Zunächst einmal, weil er Kopfschmerzen hatte, denn Édouard hatte viele Flaschen bestellt, und Hector war es nicht gewohnt, solche Mengen zu trinken.

Dann war er unglücklich wegen Ying Li.

Ying Li war so ein einfacher Name, aber Hector war

aus ziemlich komplizierten Gründen unglücklich. Und er hatte nicht gerade Lust, darüber nachzudenken, weil es vielleicht nicht angenehm war, sich diese Gründe einzugestehen. Es machte ihm sogar ein wenig Angst. Diese Angst kannte er gut, es war die gleiche, die seine Patienten daran hinderte, wirklich über ihre Probleme nachzudenken. Seine Arbeit bestand genau darin, ihnen dabei zu helfen, die Angst zu überwinden und zu begreifen, was mit ihnen los war.

In diesem Augenblick kam die Kellnerin und fragte ihn, ob er noch mehr Kaffee wolle. Sie war jung und ziemlich niedlich, sie erinnerte ihn an Ying Li, und das gab ihm einen kleinen Stich ins Herz.

Hector öffnete sein Notizbuch und begann kleine Zeichnungen zu kritzeln, die überhaupt nichts bedeuteten. Das half ihm beim Nachdenken. (Manchmal kritzelte er auch welche, wenn seine Patienten am Telefon zu lange redeten.)

Er war auch unglücklich, weil er sich schlecht fühlte, wenn er an Clara dachte. Natürlich würde sie niemals erfahren, was mit Ying Li war, aber trotzdem. Andererseits hätte er Ying Li gar nicht erst getroffen, wenn Clara mit nach China gekommen wäre. Mit Clara war Hector immer ganz brav; solche Dummheiten hätte er dann nicht gemacht, und also war das alles auch ein wenig Claras Schuld. Nachdem er sich das gesagt hatte, fühlte er sich ein bißchen weniger unglücklich.

Aber das war ja noch nicht alles: Hector war auch unglücklich, weil er von dem, was geschehen war, nichts begriffen hatte. Er hatte geglaubt, Ying Li wäre zu ihm gekommen, weil sie ihn interessant gefunden hatte mit seinem kleinen Notizbuch, und hinterher wäre sie ihm bis ins Hotel gefolgt, weil sie ihn immer interessanter gefunden hatte. So war es natürlich überhaupt nicht gewesen. Ying Li machte ihre Arbeit und fand das sicher weniger mühselig, als lange Tage in den Fabriken von Charles zubringen zu müssen wie ihre Schwestern. Als sie noch in der Bar gewesen waren und Ying Li ihre Lebensgeschichte erzählt hatte (aber natürlich hatte sie Hector nicht alles erzählt, jetzt begriff er das ja), hatte sie ihm gesagt, was ihre Schwestern in einem Monat Arbeit verdienten: Es war der halbe Preis jener Weißweinflasche, die Édouard bestellt hatte und die dort, gleich neben ihnen, inmitten von glitzernden Eiswürfeln stand.

Hector war nicht traurig, weil er jetzt entdeckt hatte, welcher Arbeit Ying Li nachging (na ja, ein bißchen traurig machte es ihn vielleicht doch), sondern weil er am vergangenen Abend nichts begriffen hatte. Oder vielmehr war er traurig, weil er am Morgen begriffen hatte, daß er nichts begriffen hatte, denn während er nichts begriffen hatte, war er alles andere als traurig gewesen, wenn Sie mir folgen können. Wenn man begreift, daß man nichts begriffen hat, ist das niemals angenehm, aber für einen Psychiater ist es noch viel schlimmer.

Die niedliche chinesische Kellnerin kam noch einmal an den Tisch, um zu fragen, ob sie ihm Kaffee nachgießen solle, und dann lachte sie, weil sie sah, was er in sein Notizbuch gekritzelt hatte. Hector schaute nun selber hin: Ohne zu überlegen, hatte er haufenweise Herzchen gemalt.

Die Kellnerin ging wieder los, und er sah, daß sie mit ihren Kolleginnen über ihn redete, und sie schienen sich alle prächtig zu amüsieren.

Hector war noch immer nicht in besonders guter Stimmung, und so zahlte er und verließ das Café.

Als er über die Straße gehen wollte, wurde er beinahe überfahren, weil er vergessen hatte, daß in dieser Stadt Linksverkehr herrschte. Er fragte sich, was er jetzt anfangen sollte. Édouard konnte er nicht sehen, denn der war nicht im Urlaub, sondern arbeitete den ganzen Tag in einem Büro. Sie hatten abgemacht, am Abend wieder gemeinsam zu essen, aber Hector war nicht sicher, ob er noch Lust darauf hatte.

Im Grunde war er ein bißchen sauer auf Édouard. Er sah ja ein, daß Édouard ihm ein Vergnügen hatte bereiten wollen, aber das Resultat war trotzdem, daß sich Hector an diesem Morgen unglücklich fühlte. Édouard trank gern eine Menge Wein, also hatte Hector auch eine Menge getrunken. Édouard traf sich gern mit Chinesinnen, deren Beruf es war, Leuten wie Édouard Spaß zu bereiten, und also hatte Hector Ying Li getroffen.

Hector sagte sich, daß ihn Édouard ein bißchen an Freunde erinnerte, die sehr gut Ski fahren können. Eines Tages nehmen sie uns ganz nach oben auf eine sehr schwierige Piste mit und sagen, daß wir uns bestimmt unglaublich amüsieren werden, wenn wir ihnen folgen. Sie haben uns dorthin geführt, weil sie als gute Skifahrer selbst eine so schwierige Piste hinabsausen möchten. Wir aber amüsieren uns überhaupt nicht, wir haben Angst, wir stürzen, wir möchten, daß das alles schnell vorüber ist, aber wir müssen natürlich die ganze Piste hinab und fühlen uns sehr unglücklich, während unsere Freunde, diese Blödmänner, wild über die Buckel rasen und dabei Freudenschreie ausstoßen.

Als Hector weiterging, gelangte er zufällig an einen

kleinen Bahnhof mit einem einzigen Gleis. Eigentlich fuhr hier auch gar kein normaler Zug, sondern so einer, wie man ihn manchmal in den Bergen findet.

Hector dachte, es würde ihm bestimmt guttun, ein bißchen Höhe und Abstand zu gewinnen, und so kaufte er bei einem alten Chinesen mit Schirmmütze eine Fahrkarte und setzte sich in einen kleinen hölzernen Waggon.

Während er auf die Abfahrt des Zuges wartete, begann er zu überlegen und dachte auch wieder an Ying Li. Es stand ihm noch deutlich vor Augen, wie froh und glücklich sie aus dem Badezimmer gekommen war und wie sie das Handtuch um sich gewickelt hatte. Und wie sie aufgehört hatte zu lächeln, weil sie begriffen hatte, daß Hector begriffen hatte. Danach hatte sie traurig ausgesehen, und es war ihnen beiden schwergefallen, miteinander zu reden wie vorher.

Der kleine Zug fuhr jetzt an und begann durch ein Viertel mit Wohnhäusern aufzusteigen, gleich darauf durch einen Wald und dann durch Wolken, denn das Wetter war überhaupt nicht schön. Aber plötzlich war der Himmel blau, und Hector erblickte rund um sich herrliche grüne Berge, und ganz unten lag das Meer mit Schiffen.

Es war sehr schön, aber Hector fühlte sich noch immer unglücklich.

Hector nähert sich der Weisheit

Der Bahnhof in den Bergen war viel größer als der im Tal. Es war ein großer Betonwürfel. Drinnen gab es Restaurants, Souvenirläden und sogar ein Wachsfigurenkabinett mit Statuen von Tony Blair oder Sylvester Stallone. All das ähnelte immer weniger dem *Blauen Lotos*, und es begann Hector auf die Nerven zu gehen, vor allem, weil er sowieso keine besonders gute Laune hatte. Er verließ den Bahnhof und begann auf einer Landstraße zu spazieren, die höher ins Gebirge führte.

Je höher er stieg, desto weniger Menschen begegnete er. Schließlich wanderte er ganz allein die Straße entlang. Die Berge um ihn waren sehr schön, ganz grün und ziemlich spitz, man sah gleich, daß es chinesische Berge waren. Hector war außer Atem, aber er fühlte sich viel besser.

Er blieb stehen, um in sein Notizbuch einzutragen:

Lektion Nr. 6: Glück, das ist eine gute Wanderung im Gebirge.

Er überlegte noch einmal, strich dann »im Gebirge« durch und schrieb dafür »inmitten schöner unbekannter Berge«.

Am Straßenrand erblickte er ein kleines Schild mit chinesischen Schriftzeichen, aber zum Glück stand auch in englischer Sprache darunter: »Tsu Lin Monastery«. Hector war sehr zufrieden. In diesem Kloster gab es vielleicht einen alten Mönch, der dem Vater von Tschang ähnelte und interessante Dinge über das Glück zu erzählen haben würde.

Der Weg zum Kloster stieg immer steiler empor, aber Hector verspürte keine Müdigkeit, denn er erwartete seine Ankunft mit Ungeduld. An manchen Wegbiegungen konnte er das Kloster schon erblicken, und – o Wunder! – es sah haargenau wie in *Der blaue Lotos* aus. Mit seinen hübschen, gewellten Dächern und den kleinen quadratischen Fenstern wirkte dieses Kloster wirklich chinesisch.

Hector zog am Eingang an einem Seil, eine Glocke bimmelte, und ein Mönch kam, um das Tor aufzumachen. Er war jung und ähnelte eher Tschang selbst als seinem Vater, aber er hatte einen kahlrasierten Schädel und eine lange orange Robe. Er sprach sehr gutes Englisch und erklärte Hector, daß es nur einmal pro Woche Besuchszeiten gebe und an diesem Tag eben nicht. Hector war sehr enttäuscht: Kaum hatte er begonnen, sich besser zu fühlen, kam so eine schlechte Nachricht.

Hector wollte nicht lockerlassen; er erklärte, daß er von sehr weit her kam, daß er Psychiater war und begreifen wollte, weshalb die Leute glücklich oder unglücklich waren. Bis kommende Woche könne er aber nicht in China bleiben, nur um den Besuchstag abzuwarten. Der junge Mönch machte einen verlegenen Eindruck, er bat Hector zu warten und ließ ihn in einem kleinen Vorraum allein.

Es standen hier verschiedene Dinge zum Verkauf, welche die Mönche selbst angefertigt hatten, kleine Figuren, hübsche Untertassen, und Hector sagte sich, daß er etwas kaufen würde, als Geschenk für Clara.

Der junge Mönch kam zurück, und diesmal wurde er von einem alten Mönch begleitet, der so alt sein mußte wie der Vater von Tschang! Der alte Mönch begann zu lachen, sobald er Hector sah, und sagte zu ihm: »Guten Tag. Sie kommen also von sehr weit her?« Und er sagte es genau mit diesen Worten, wir haben gar nichts übersetzt, denn der alte Mönch sprach Hectors Sprache ebenso gut wie Hector selbst!

Er führte Hector in sein Büro, und Hector nahm an, er müßte sich dort auf kleine Strohmatten knien, weil es in diesem Raum keine Stühle geben würde. Doch so war es keineswegs, denn das Büro des Mönchs ähnelte ein bißchen Hectors Büro; es gab darin einen richtigen Schreibtisch, Stühle, viele Bücher, einen Computer, zwei Telefonapparate, kleine Skulpturen, die aber, anders als bei Hector, aus China kamen, und außerdem war die Aussicht über die Berge sehr schön.

Der alte Mönch erklärte ihm, daß er in seiner Jugend einige Jahre in Hectors Land zugebracht hatte, lange bevor Hector überhaupt geboren war. Er hatte dort studiert, aber um sich seinen Lebensunterhalt zu verdienen, hatte er in einer großen Brasserie den Abwasch gemacht, in einer Brasserie, in der Hector sogar manchmal zu Mittag aß. Er stellte Hector eine Menge Fragen, um herauszufinden, ob es in diesem Land heute anders zuging als früher, und alles, was Hector sagte, schien ihm Vergnügen zu bereiten.

Hector erläuterte die Gründe für seinen Besuch. Er traf immer häufiger auf Leute, die ohne richtiges Unglück ziemlich unglücklich waren, und er wollte verstehen, weshalb.

Der alte Mönch hörte Hector sehr aufmerksam zu, und

Hector sagte sich, daß hier auch jemand saß, der sich wirklich für die Leute interessierte.

Hector fragte ihn, ob er etwas Interessantes zum Thema Glück zu sagen habe.

Der alte Mönch meinte: »Der erste große Irrtum ist zu glauben, Glück wäre das Ziel!« Und er begann wieder zu lachen.

Hector hätte gern gesehen, daß er sich ein wenig näher erklärte, aber der alte Mönch drückte sich gern ohne große Erläuterungen aus.

In Hectors Land wechselten ja auch immer mehr Leute zu der Religion des alten Mönchs, weil sie meinten, das würde sie glücklicher machen.

Der alte Mönch sagte, das stimme sicher, aber in Ländern wie dem von Hector verständen die Leute seine Religion oftmals nicht wirklich. Sie hätten sie sich nach ihrer Manier zurechtgemacht, ein wenig wie in den Chinarestaurants in Hectors Heimatstadt, in denen man nicht die echte chinesische Küche findet. Doch der alte Mönch meinte, dies sei zwar ein bißchen schade, aber auch nicht weiter schlimm, denn es konnte den Leuten helfen, sich weniger zu beunruhigen und freundlicher zu den anderen zu sein. Andererseits frage er sich schon, weshalb sich die Leute aus Hectors Land derart für seine Religion interessierten, wo es bei ihnen doch mehrere alte Religionen gab, die ganz in Ordnung waren. Vielleicht hätten sie besser daran getan, sich weiter für diese Religionen zu interessieren; sie hätten dann größere Chancen gehabt, sie richtig zu verstehen.

Hector sagte, das alles sei sehr kompliziert, und vielleicht hatten die Leute die Religion des alten Mönchs so gern, weil an ihr keine schlechten Erinnerungen hafteten.

Daraus schöpfte man dann Hoffnung: Die Leute dachten, diese fremde Religion könnte wirklich funktionieren.

Auf jeden Fall schien sie bei dem alten Mönch zu funktionieren, denn niemals hatte Hector jemanden angetroffen, der so zufrieden war und so oft lachte, aber nicht, um andere auszulachen. Und dabei war er sehr alt, und sein Leben war gewiß nicht immer nur vergnüglich verlaufen.

Hector erinnerte sich, daß es eine Zeit gegeben hatte, in der die Leute, die über den größten Teil von China herrschten, Mönche für unnütze Leute hielten, und damals waren schreckliche Dinge vorgekommen, so schrecklich, daß man nicht mal von ihnen erzählen möchte. Und der alte Mönch kam genau aus diesem Teil von China und hatte all das miterleben müssen, aber es hinderte ihn nicht daran, einen glücklichen Eindruck zu machen.

Hector hätte es gern gesehen, wenn ihm der Mönch sein Glücksgeheimnis enthüllt hätte.

Der alte Mönch schaute ihn lachend an, und dann sagte er: »Ihre Reise, das ist eine sehr gute Idee. Kommen Sie mich auf dem Rückweg noch einmal besuchen.«

Hector macht eine Entdeckung

Als es dunkel wurde, ging Hector Édouard in seinem Büro abholen, weil sie zusammen zu Abend essen wollten. Man schrieb Sonntag, und trotzdem arbeitete Édouard, denn er sollte am nächsten Tag etwas abliefern. Er mußte einem sehr wichtigen Herrn zeigen, wie man eine Fusion oder Übernahme macht, und das wollte er schneller schaffen als ein anderer Édouard von einer anderen Bank, der jenem wichtigen Herrn dasselbe vorführen wollte. Und der wichtige Herr selbst wollte diese Fusion oder Übernahme schneller unter Dach und Fach bringen als ein anderer wichtiger Herr, der auch Lust darauf hatte. Hector hatte verstanden, daß es in Geschäftsdingen immer ein bißchen wie ein Wettrennen war.

Auf der Suche nach Édouards Büro ging Hector zwischen lauter hochmodernen Hochhäusern entlang, die direkt am Meer lagen. Aber es gab dort keinen Strand, nichts als Verladekais mit großen Schiffen oder Baustellen, auf denen noch mehr solcher Türme errichtet wurden.

Die Autos fuhren unterirdisch, was praktisch war, denn so konnte Hector unbesorgt zwischen den großen Türmen spazierengehen, ohne überfahren zu werden. Er erreichte Édouards Büroturm, der sehr schön war und sehr glänzte. Der Turm erinnerte einen an eine riesige Rasierklinge. Weil Hector ein bißchen verfrüht gekommen war, beschloß er, noch einen Kaffee zu trinken, und es traf sich gut, daß es gleich dort ein großes modernes Café mit riesigen Fensterscheiben gab.

Diesmal waren die Kellnerinnen nicht besonders hübsch, und Hector war erleichtert, denn auf die Dauer ist Schönheit anstrengend. Übrigens dachte Hector auch, daß es ein bißchen wie ein Gebrechen war, wenn einen die Schönheit der Frauen so sehr ansprach. Und selbst wenn er wußte, daß er nicht der einzige war, der an diesem Gebrechen litt, hoffte er, sich eines Tages davon befreien zu können. Aber wie Sie sicher verstanden haben, hatte er bei diesem Vorhaben in China keinen guten Start gehabt.

Er rief Édouard an, und der freute sich, hatte aber noch zu arbeiten. Er meinte, Hector solle noch ein bißchen im Café warten; er komme ihn dann abholen.

Hector begann einen großen Kaffee zu trinken und schaute zum Eingang des Hochhausturmes hinüber.

Und dort sah er, was ihm in diesem Viertel schon mehrere Male aufgefallen war: Eine Gruppe kleiner Chinesinnen hatte auf dem Boden ein großes Wachstuch ausgebreitet, sie hatten darauf Platz genommen und hockten zusammen wie eine Schulklasse beim Picknick. Als er sie sich näher anschaute, merkte Hector, daß sie nicht wirklich wie Chinesinnen aussahen; sie waren alles in allem ein wenig kleiner, ziemlich schmächtig und von etwas braunerer Haut. Sie schienen sich zu vergnügen, redeten pausenlos und lachten sehr häufig.

Hector fragte sich, ob sie sich auf diese Weise versammelten, um eine neue Religion zu praktizieren. Diese Religion hätte er gern kennengelernt, vielleicht war es die des alten Mönchs, auch er hatte ja ziemlich oft gelacht.

49

Hector begann ungeduldig zu werden und spähte nach allen Leuten, die aus dem Turm kamen. Es waren vor allem Chinesen, die aber gekleidet waren wie Édouard am Wochenende, mit schicken Polohemden und kleinen Schuhen, so, wie man sich für eine Segeltour anzieht, und schon aus ihrer Gangart erriet Hector, daß sie dieselben Schulen wie Édouard besucht hatten, jene Einrichtungen, in denen man studiert, um reich zu werden. (Vergessen Sie nicht, daß Hector Psychiater ist: Er braucht die Leute nur anzuschauen und sieht schon, auf welcher Schule sie waren und ob ihr Großvater Schmetterlinge gesammelt hat.) Es gab auch Westler wie Édouard, und Hector versuchte aus ihrem Auftreten zu erraten, aus welchem Land sie stammten. Wahrscheinlich irrte er sich hin und wieder, aber weil er es ja nicht nachprüfen konnte, wußte er nicht, daß er falsch lag, und vergnügte sich gut mit diesem Spielchen; von Zeit zu Zeit mußte er sogar kichern.

Édouards Kollegen sahen nicht gerade vergnügt aus; sie wirkten müde, und manche schauten beim Gehen immerzu auf den Boden, als hätten sie große Sorgen. Wenn sie die Hochhäuser zu mehreren verließen und miteinander redeten, machten sie einen sehr ernsthaften Eindruck, und manchmal hatte man das Gefühl, daß sie sich übereinander aufregten. Manche sahen so sorgenvoll aus, als richteten sie ihren Blick gerade ins Innere ihres Kopfes, und Hector hätte fast Lust bekommen, zu ihnen hinüberzugehen und ihnen ein paar kleine Pillen zu verschreiben. Für einen Psychiater wäre dieses Café ein passender Ort gewesen, um eine Praxis einzurichten. Man hätte bloß ein wenig besser Englisch sprechen müssen.

Schließlich sah er Édouard aus dem Turm kommen,

und das bereitete ihm Freude, denn wenn man einem Freund in einem fremden Land begegnet, macht einem das stets mehr Vergnügen, als wenn man ihm vor der eigenen Haustür über den Weg läuft. Das stimmt sogar, wenn man ein bißchen sauer auf ihn ist. Édouard schien sehr froh zu sein, Hector wiederzusehen, und um das Ereignis zu feiern, bestellte er unverzüglich ein Bier.

Hector sagte zu Édouard, daß er in besserer Stimmung zu sein schien als all seine Kollegen, die schon aus dem Gebäude gekommen waren.

Édouard erklärte, das liege daran, daß er sich so freue, Hector zu sehen. Manche Abende jedoch, wenn Hector da sein Gesicht sähe ...

»Du würdest mich schnurstracks ins Krankenhaus schicken!« sagte er. Und er begann zu lachen.

Und dann erklärte er, daß die Märkte seit einigen Wochen nicht gut aussahen und die Kollegen deshalb nicht so frisch und munter wirkten.

»Riskieren sie denn, ruiniert zu werden?« fragte Hector.

»Nein, sie riskieren nur, einen mageren Bonus zu kriegen oder vielleicht entlassen zu werden, wenn die Bank ihre Geschäftsfelder ausdünnt. Aber auf dieser Ebene findest du immer einen neuen Job. Du mußt allerdings akzeptieren, dorthin zu gehen, wo die Arbeit ist.«

Hector begriff, daß es diese Jobs in anderen Städten der Welt gab, wo ebensolche Türme in Form riesiger Rasierklingen standen und ebensolche Hotels wie die von Hectors Kongressen.

Er fragte Édouard, wer all diese kleinen Frauen waren, die man überall in Gruppen auf ihren Wachstuchdecken sitzen sah. Édouard erklärte, daß es sich um Putzfrauen handelte, die alle aus demselben Land stammten, einer Gruppe kleiner und sehr armer Inseln, die recht weit entfernt von China lagen. Sie arbeiteten in dieser Stadt (und in anderen Städten der Welt), um ihren daheim gebliebenen Familien Geld schicken zu können.

»Aber warum versammeln sie sich auf diesen Wachstuchdecken?« wollte Hector wissen.

»Weil sie nirgendwohin sonst gehen können«, sagte Édouard. »Heute ist Sonntag, ihr freier Tag, in ihrer Firma können sie nicht bleiben, und fürs Café fehlt ihnen das Geld, also hocken sie sich dort gemeinsam auf den Boden.«

Wie Édouard auch erklärte, gab es in diesem Land eine Menge Inseln, so daß sich die Frauen oftmals nach Heimatinsel oder Dorf zusammenfanden, und es war ein wenig, als zeichneten all diese Wachstuchdecken inmitten der superreichen Hochhaustürme eine Landkarte jenes armen Archipels nach.

Hector betrachtete die kleinen Frauen, die nirgendwohin gehen konnten und doch lachten, und er betrachtete Édouards Kollegen, die mit tiefernsten Gesichtern aus dem Turm geschritten kamen, und er sagte sich, daß die Welt entweder ein höchst wunderbarer Ort war oder ein zutiefst schrecklicher, das war wirklich schwer zu entscheiden.

Als er das Café verließ, wollte Hector gern mit diesen Frauen sprechen, denn es schien ihm von großer Wichtigkeit für seine Forschungen. Er näherte sich einer Gruppe, und als sie ihn ankommen sahen, hörten sie alle zu schwatzen und zu lächeln auf. Hector dachte, daß sie vielleicht glaubten, er wollte sie fortscheuchen. Aber bei Hector spürten die Leute schnell, daß er kein Bösewicht war, und die Frauen begannen zu lachen, als sie ihn englisch sprechen hörten. Er sagte ihnen, daß er sie schon eine Weile beobachtet hatte und daß sie zufrieden wirkten. Nun wollte er gern wissen, weshalb. Sie schauten einander an und kicherten, und dann sagte eine der Frauen: »Weil heute unser freier Tag ist.«

Und eine andere sagte: »Weil wir mit unseren Freundinnen zusammen sind.«

»Ja, das stimmt«, sagten die übrigen; sie freuten sich, weil sie ihre Freundinnen um sich hatten und manchmal sogar jemanden aus ihrer Familie, denn viele saßen mit ihren Cousinen auf dem Wachstuch.

Hector fragte, was ihre Religion sei. Und sieh nur an, es war dieselbe wie bei Hector! Das war wegen der Geschichte so, weil die Leute von Hectors Religion vor langer Zeit jene Inseln erobert hatten. Aber die Frauen sahen nicht so aus, als wären sie Hector dafür noch böse, denn sie wünschten ihm zum Abschied lächelnd und winkend alles Gute.

Hector ist nicht verliebt

Lektion Nr. 1: Vergleiche anzustellen ist ein gutes Mittel, um sich sein Glück zu vermiesen.

Lektion Nr. 2: Glück kommt oft überraschend.

Lektion Nr. 3: Viele Leute sehen ihr Glück nur in der Zukunft.

Lektion Nr. 4: Viele Leute denken, daß Glück bedeutet, reicher oder mächtiger zu sein.

Lektion Nr. 5: Manchmal bedeutet Glück, etwas nicht zu begreifen.

Lektion Nr. 6: Glück, das ist eine gute Wanderung inmitten schöner unbekannter Berge.

Hector schaute auf seine Eintragungen. Er spürte, daß es unter ihnen interessante Sätze gab, und dennoch war er nicht besonders zufrieden. Mit einer richtigen Theorie des Glücks hatte das keine Ähnlichkeit. (Eine Theorie, das ist eine Geschichte, die sich Erwachsene erzählen und die erklärt, wie die Dinge funktionieren. Man glaubt, daß sie wahr sei, bis jemand eine neue erfindet, die es besser erklärt.) Und das brachte ihn auf eine Idee: Am Ende seiner Reise wollte er seine Liste einem berühmten Professor und Glücksspezialisten zeigen!

Er hatte eine Freundin, die in dem Land lebte, wo es die meisten Psychiater gab, und diese Freundin kannte solch einen Professor.

Hector saß in einem italienischen Restaurant mit kleinen Karodecken und Kerzen auf den Tischen. Der Restaurantbesitzer und seine Frau sahen wie richtige Italiener aus. (In Wirklichkeit waren sie Chilenen, das hatten sie Hector selbst erzählt, denn sogar wenn er im Restaurant war, machte Hector den Eindruck, daß er sich wirklich für die Leute interessierte.) Es war in einem Stadtteil, der an einem Hang lag und in dem es noch alte Pflasterstraßen und historische Häuser gab, und Hector freute sich, dort zu sein.

Sie fragen sich wahrscheinlich, wo Édouard steckte, aber Sie werden das gleich mitbekommen.

Hector erinnerte sich an seinen Besuch beim alten Mönch und notierte folgendes:

Lektion Nr. 7: Es ist ein Irrtum zu glauben, Glück wäre das Ziel.

Er war sich nicht sicher, ob er diese Lehre richtig begriff, aber sie schien ihm sehr interessant, und er sagte sich, daß er am Ende seiner Reise zum alten Mönch zurückkehren würde.

Er erinnerte sich auch an die kleinen Frauen, die auf ihren Wachstuchdecken saßen und lachten.

Lektion Nr. 8: Glück ist, mit den Menschen zusammen zu sein, die man liebt.

Als Hector das schrieb, spürte er sein Herz gleich ein bißchen stärker klopfen.

Er begann aufs neue, Bildchen zu kritzeln, die weiter nichts sagen wollten.

Denn, Sie haben sicher schon verstanden: Hector wartete auf Ying Li.

Als er Édouard erklärt hatte, daß er Ying Li gern wiedersehen wolle, hatte dieser gemeint, heute sei das nicht möglich, denn der Ort mit den vielen hübschen Chinesinnen, wo sie Ying Li getroffen hatten, sei sonntags geschlossen. Aber Hector hatte gesagt, er wolle Ying Li nicht sehen, wenn sie arbeitete. Er wolle sie statt dessen zum Abendessen einladen, und im übrigen werde er das auf jeden Fall tun, denn sie hatte ihm ja ihre Telefonnummer gegeben.

Und da hatte Édouard seinen Freund so komisch angeguckt und gesagt: »Ach, du Armer!«

Hector hatte sich ein bißchen aufgeregt. Édouard brauche ihn nicht für einen Deppen zu halten, er habe schon begriffen, womit Ying Li ihre Brötchen verdiene! Édouard hatte gesagt, daß er Hector nicht für einen Deppen halte, aber er habe gesehen, daß Hector sich verliebt hatte, und das sei schlimmer, als ein Depp zu sein. Er machte sich einfach Sorgen um Hector.

Und Hector hatte sich wieder beruhigt; er hatte verstanden, daß Édouard noch immer ein guter Freund war. Aber er sagte ihm, daß er sich natürlich täusche, und er sei gar nicht verliebt in Ying Li, er wolle sie einfach nur wiedersehen. Er fragte Édouard, ob der schon eine kleine chinesische Freundin gehabt habe. Édouard sagte, nicht so richtig, aber Hector merkte, daß es nicht ganz die Wahrheit war (vergessen Sie nicht, daß Hector Psychiater ist). Also bohrte Hector nicht mehr nach, sondern machte bloß »M-hm, m-hm ...« und hoffte, daß Édouard mehr davon berichten würde.

Aber Édouard hatte offensichtlich keine große Lust, seine »Nicht-so-richtig«-Geschichte zu erzählen. Am Ende sagte er mit einem Seufzer: »Das Problem ist hier, daß du nicht weißt, ob sie dich dafür lieben, wie du bist, oder für deinen Reisepaß.«

Und ein paar Augenblicke später fügte er hinzu: »Ich bin alt genug, um mir diese Frage zu stellen, aber noch nicht so alt, daß mir die Antwort egal wäre.« Und aus seinem Tonfall erriet Hector, daß Édouard verliebt gewesen war und es kein sehr gutes Ende genommen hatte.

Und jetzt saß Hector ganz allein am Tisch in diesem kleiner italienischen Restaurant und wartete auf Ying Li!

Als er sie angerufen hatte, hatte sie ein bißchen überrascht geklungen, aber die Einladung trotzdem gleich angenommen. (Das Restaurant hatte Édouard empfohlen.)

Jetzt wartete Hector; sie hatte schon Verspätung, und er fragte sich, ob sie überhaupt kommen würde. Um sich die Zeit nicht lang werden zu lassen, hatte er sich eine Flasche Wein bestellt, und nun sagte er sich, daß er sie, wenn er noch lange herumsitzen und warten mußte, am Ende ganz allein austrinken und Édouard ähnlich werden würde.

Und dann sah Hector, wie Ying Li das Restaurant betrat, die Haare ein wenig feucht vom Regen und noch immer schrecklich schön, und er stand so heftig auf, daß er den Stuhl umkippte.

Alle Kellner hinter dem Tresen liefen auf Ying Li zu, um ihr aus dem Mantel zu helfen, und einer trat dem andern fast auf die Füße.

Und schließlich saß sie Hector gegenüber, und sie begannen sich zu unterhalten. Aber Ying Li war anders als am ersten Abend, sie wirkte ein bißchen schüchtern, als würde sie Hector gar nicht anzublicken wagen oder als hätte sie Angst, Dummheiten zu sagen.

Also begann Hector mit der Konversation, er berichtete ein bißchen aus seinem Leben und erzählte, wie die Stadt aussah, in der er arbeitete. Und da hörte Ying Li ihm auch zu und sagte sogar, daß sie diese Stadt sehr gern hatte, weil man dort Dinge herstellte, die sie sehr mochte. Hector sah nun auch, daß ihre Uhr, ihr Gürtel und ihre Handtasche in seinem Land produziert worden waren, obwohl Ying Li sie in ihrer Stadt gekauft hatte. Hector sagte sich, daß auch dies die Globalisierung war. Und dann erinnerte er sich, wie Ying Li das Geld verdiente, mit dem sie alle diese superteuren Sachen kaufte, und er fragte sich, ob die Globalisierung wirklich so eine gute Sache war.

Später wagte Ying Li ein bißchen mehr zu erzählen, aber man konnte deutlich sehen, daß es schwer für sie war, denn es gab ja ein Thema, das sie alle beide gern umschiffen wollten, nämlich ihre Arbeit. Also sprach sie über ihre Familie.

Ihr Vater war ein Professor, ein Spezialist für chinesische Geschichte (und da er außerdem noch Chinese war, können Sie sich ja vorstellen, wie gut er sich da auskennen mußte). Aber als Ying Li ein Kind war, hatten die führenden Leute in China beschlossen, daß Professoren wie er unnütze Leute waren und sogar so etwas wie Schädlinge, und also hatte man ihn mitsamt seiner Familie ins allerhinterste China geschickt. Dort arbeiteten alle Leute auf den Feldern, und niemand hatte das Recht, Bücher zu lesen mit Ausnahme des einen Buches, welches der Mann geschrieben hatte, der China in jener Zeit regierte. Und so waren Ying Lis Schwestern nicht zur Schule gegangen, denn die Kinder der unnützen Schädlinge waren dazu nicht berechtigt; sie sollten das richtige Leben kennenlernen, indem sie die Felder bestellten. Weil Ying Li jünger war, hatte sie die versäumte Schulzeit wenigstens ein bißchen nachholen können, aber dann war ihr Vater gestorben, weil die Arbeit auf den Äckern ihn sehr erschöpft hatte.

Daran lag es auch, daß ihre Schwestern, die niemals in der Schule gewesen waren, nun gerade mal Arbeiterinnen in den Fabriken von Charles sein konnten. Und da hielt Ying Li ein, denn sie hatte gemerkt, daß sie als nächstes über sich selbst hätte reden müssen, weshalb sie nicht auch Arbeiterin war und so.

Hector ist traurig

Hector saß schon wieder in einem Flugzeug, und er war traurig. Durch das kleine runde Fenster sah er das Meer, das so weit unter ihm lag, daß man den Eindruck hatte, das Flugzeug käme überhaupt nicht voran.

Er hatte sein Notizbüchlein hervorgeholt, aber es fiel ihm nichts zum Eintragen ein.

Neben ihm saß eine Mutter mit ihrem Baby, aber nein, als Hector genauer hinschaute, merkte er, daß es nicht die Mutter war, denn das Baby war blond und blauäugig wie eine Puppe (ob es ein Junge war oder ein Mädchen, wußte er nicht, und im übrigen war es ihm auch ziemlich egal), aber die Dame, die es auf dem Schoß hielt, ähnelte den kleinen asiatischen Frauen, die in Gruppen auf ihren Wachstuchdecken saßen. Aber auch wenn es nicht die Mutter war, kümmerte sie sich doch sehr gut um das Baby, sie wiegte es, sprach mit ihm und sah ganz so aus, als würde sie es sehr lieben.

Hector war traurig, weil er das Gefühl hatte, einen Ort zu verlassen, den er mochte – jene Stadt, die er doch vor einer Woche noch gar nicht gekannt hatte.

Und auch Édouard hatte traurig gewirkt, als er ihn zum Flughafen begleitet hatte. Man merkte deutlich, daß er sich über Hectors Besuch gefreut hatte. In dieser Stadt hatte Édouard eine Menge Leute, mit denen er einen trinken gehen konnte, und hübsche Chinesinnen, die ihm ins

Ohr flüsterten, aber vielleicht hatte er nicht so viele richtige Freunde wie Hector.

Selbstverständlich dachte Hector an Ying Li.

Im Restaurant hatte sie ihre Familiengeschichte zu Ende erzählt, Hector hatte von seiner Stadt zu Ende erzählt, und es war ein kleines Schweigen entstanden.

Und dann hatte Ying Li gesagt: »Sie sind nett.«

Hector war überrascht gewesen, denn er wußte ja, daß er ziemlich nett war, aber er fragte sich, was Ying Li damit eigentlich sagen wollte. Dann hatte sie die Augen niedergeschlagen und hinzugefügt: »Ich bin das nicht gewohnt.«

Und das gab Hector wieder einen kleinen Stich ins Herz.

Sie standen auf, und die Kellner schubsten sich wieder, weil jeder Ying Li in den Mantel helfen wollte.

Und dann standen sie in einer kleinen Pflasterstraße.

Hector hatte natürlich große Lust, Ying Li wieder in sein Hotel mitzunehmen, aber es machte ihn auch verlegen, denn so würde er das gleiche tun wie die Herren, mit denen sie ihre Arbeit machte. Und er spürte, daß auch Ying Li verlegen war, selbst wenn sie gern bei ihm geblieben wäre.

Also betraten sie die nächstbeste Bar, und dort ging es sehr seltsam zu. Es waren nicht viele Gäste da, gerade mal ein paar Chinesen, die einander alle zu kennen schienen; sie stiegen reihum auf die Bühne und sangen Lieder auf Chinesisch, die bestimmt alle in der Hitparade waren. Hector erkannte sogar eine Melodie von Charles Trenet, aber die Worte verstand er nicht. Und die Chinesen kicherten und gaben sich gegenseitig einen aus. Sie ähnelten Hectors Landsleuten gar nicht wenig, und er besann sich auf Charles' Bemerkung im Flugzeug: Die Chinesen sind uns im Grunde ähnlich.

Sogar Ying Li mußte lachen, und Hector freute sich, sie so fröhlich zu sehen. Und wenn Ying Li lachte, fiel ihm auf, wie jung sie war trotz all der superteuren Sachen, die sie an jenem Abend trug.

Wahrscheinlich war es aber keine richtig gute Idee gewesen, in jene Bar zu gehen, denn als Hector und Ying Li wieder rauskamen, hielt genau vor ihren Füßen ein dikker Schlitten.

Und aus dem Wagen stieg der große Chinese vom anderen Abend, der mit dem kleinen Mikro hinterm Ohr, und auf den Hintersitzen erblickte Hector eine chinesische Dame, die nicht mehr so jung war und Ying Li alles andere als nette Blicke zuwarf. Der große Chinese sah Hector nicht einmal an, er redete mit Ying Li, und sie antwortete in verlegenem Ton. Und so nahm Hector mit Absicht den idiotischen Tonfall eines selbstzufriedenen Herrn an, der keinen Durchblick hat, und fragte den Chinesen auf Englisch: »Muß ich das Geld Ihnen geben?«

Der große Chinese wirkte ein bißchen überrascht, aber die Frage besänftigte ihn. Er lächelte sogar in Ying Lis Richtung, aber ein freundliches Lächeln war das nicht. Er sagte, das sei nicht nötig, es reiche, wenn Hector Ying Li bezahle. Und dann stieg er wieder in seinen Wagen und fuhr davon, wobei er sehr aufs Gaspedal trat. Aber davon bekam Hector schon nicht mehr viel mit, denn Ying Li lag in seinen Armen und weinte.

Nach dieser Szene war es einfacher gewesen, ein Taxi heranzuwinken und Ying Li ins Hotel mitzunehmen, denn eine weinende Frau und ein Herr, welcher sie tröstet, das ähnelte weniger der üblichen Arbeit von Ying Li, es ähnelte mehr Hectors Arbeit.

Und dann, im Hotelzimmer, hörte Ying Li zu weinen auf, und sie legten sich aufs Bett, ohne das Licht anzuknipsen (der Raum wurde sowieso von den Lichtern der Stadt ein wenig erhellt), und Ying Li lag ganz still in Hectors Armen.

Er wäre bereit gewesen, die ganze Nacht so an sie geschmiegt zu liegen, aber Ying Li zeigte ihm bald, daß sie mit ihm machen wollte, was Verliebte miteinander tun.

Es war anders als in der ersten Nacht, weniger ausgelassen, aber viel stärker.

Als Hector am nächsten Morgen erwachte, war Ying Li fort. Sie hatte ihm kein Wort und nichts zurückgelassen. Dabei hätte ihr Hector gern Geld gegeben, denn er dachte an den großen Chinesen, aber er begriff auch, daß Ying Li sich lieber allein aus der Affäre zog.

Hector wollte die Angelegenheit gleich mit Édouard besprechen, und so trafen sie sich in einem Café. Édouard hörte Hector sehr ernsthaft zu, ganz so, wie Hector den Leuten zuhörte, wenn sie ihm ihre Geschichten erzählten. Und dann sagte er: »Sie werden ihr nicht übel mitspielen, dafür ist sie ihnen zu kostbar. Und dann kenne ich ja diesen Chinesen, ich werde das in Ordnung bringen. Aber für sie und auch für dich wäre es, glaube ich, nicht so gut, wenn du sie noch einmal treffen würdest.«

Das hatte Hector schon geahnt, aber wenn man etwas ahnt, ist es nicht dasselbe, als wenn man es sicher weiß, und Édouard sagte: »Ach, du Armer!«

Und jetzt, im Flugzeug, hatte Hector Mühe, etwas zu finden, was er in sein Notizbüchlein hätte eintragen können.

Das Baby guckte ihn schon eine ganze Weile an und streckte seine Ärmchen nach ihm aus. Darüber mußte das Kindermädchen lachen, und das Baby mußte auch lachen.

Also lächelte Hector ihnen zu und fühlte sich ein bißchen weniger traurig.

Plötzlich stand eine große blonde Dame im Gang neben ihnen. Hector begriff, daß dies die Mutter sein mußte und daß sie in der *business class* flog, wahrscheinlich mit ihrem Mann.

»Alles in Ordnung?« fragte sie das Kindermädchen.

Und schon eilte sie wieder davon. Das Baby aber verzog das Gesicht zu einer Grimasse und begann zu heulen.

Hector griff nach seinem Büchlein und notierte:

Lektion Nr. 8b: Unglück ist, von den Menschen, die man liebt, getrennt zu sein.

Hector trifft einen guten Freund wieder

Hector saß schon wieder in einem Flugzeug, das jedoch ziemlich anders aussah als all die anderen.

(Zwischen dem vorigen und diesem hier hatte es ein weiteres Flugzeug gegeben und dann noch eins, aber außer daß er an Ying Li und an Clara gedacht hatte, war mit Hector nicht groß was passiert.)

Zunächst einmal war Hector in diesem Flugzeug fast der einzige Weiße unter lauter Schwarzen. Viele der Damen und Herren waren fein angezogen, aber ein bißchen so, wie sich vor langer Zeit Hectors Großeltern auf dem Lande angezogen hatten, wenn sie zur Messe gingen. Die Damen trugen große geblümte Kleider und die Herren alte Anzüge, die ein bißchen schlackerig waren. Was auch ans Landleben denken ließ, waren ihre großen Einkaufstaschen. und einige hatten sogar Käfige mit lebenden Hühnern und Enten dabei! Diese Tiere machten ein bißchen Lärm, aber das war vielleicht besser so, denn es lenkte einen von den Geräuschen ab, die das altertümliche Flugzeug machte. Hector erinnerte sich an die Patienten, die in seine Sprechstunde kamen, weil sie Flugangst hatten, und sagte sich, daß er ihr Problem nach dieser Reise viel besser verstand. Andererseits: Wenn das Flugzeug so alt war, bedeutete das auch, daß es niemals abgestürzt war, was einen wiederum beruhigen konnte.

Neben Hector saß eine dunkelhäutige Dame mit einem

ebenso dunkelhäutigen Baby. Diesmal war es nicht das Kindermädchen, sondern die richtige Mutter. Sie wiegte ihr Kind und las dabei in einem Buch. Das Baby schaute zu Hector, welcher auf das Buch der Dame schaute. Wir nennen sie zwar immerzu Dame, aber eigentlich war sie noch ziemlich jung, ungefähr so alt wie Hector. Nun ja, und das hätten Sie niemals erraten: Sie las in einem Psychiatriebuch! Die Dame war Psychiaterin!

Beide mußten darüber lachen, daß sie unter solchen Umständen einen Kollegen getroffen hatten, und die Dame, die Marie-Louise hieß, erklärte, daß sie in ihrem Heimatland Urlaub machen wollte, denn ansonsten arbeitete sie in dem Land mit den meisten Psychiatern der Welt. Hector traute sich nicht recht, sie zu fragen, weshalb sie nicht in ihrem eigenen Land geblieben war (das war, wenn Sie sich erinnern, ein bißchen so wie damals, als er Charles gefragt hatte, weshalb er seine Fabriken nicht in seinem eigenen Land gebaut hatte), aber die Dame erklärte bald von selbst, warum es so war: »Ich möchte, daß meine Kinder ein normales Leben führen.«

Sie hatte noch zwei größere Kinder, die zu Hause geblieben waren, und Hector fragte, was sie unter einem normalen Leben verstand. (Sogar von Psychiater zu Psychiater stellt man sich manchmal Fragen.) Marie-Louise erwiderte: »Ich möchte zum Beispiel, daß sie ohne einen Chauffeur und einen Leibwächter in die Schule gehen können.«

Hector sagte, das verstehe er, auch wenn er im stillen dachte, daß er als kleiner Junge sehr stolz gewesen wäre, mit Chauffeur und Leibwächter in die Schule zu kommen; aber Mütter dachten darüber natürlich anders.

Und dann begann das Flugzeug plötzlich erheblich zu

sinken und machte dabei einen Lärm wie Bomber im Sturzflug, die man in Dokumentarfilmen über den Krieg sieht, und alle Passagiere wurden ganz leise, außer die Hühner und Enten, die sich noch lauter aufregten.

Glücklicherweise landete das Flugzeug am Ende beinahe normal, wenn auch mit viel Gerüttel und Geschüttel.

Als alle Leute schon im Gang standen, sagte Marie-Louise, Hector möge sie doch bei ihrer Familie besuchen kommen. Sie schrieb ihm ihre Adresse in sein Notizbüchlein.

Als Hector aus dem Flugzeug stieg, hatte er das gleiche Gefühl wie jemand, der den Herd aufmacht, um nachzuschauen, ob das Roastbeef schon gar ist. Einen Unterschied gab es allerdings, denn hier war eine Menge Licht, eine Sonne, die einem voll auf den Kopf knallte. Rings um den Flughafen sah man Berge, die ziemlich verbrannt wirkten und tatsächlich ein bißchen die Farbe eines Roastbeefs hatten, das zu lange in der Backröhre geblieben war

Am Zollschalter standen Zöllner, die auch schwarz waren (wir werden das jetzt nicht andauernd wiederholen wie bei den Chinesen, in diesem Land sind die Leute eben allesamt schwarz, von ein paar Ausnahmen abgesehen, aber zu denen kommen wir noch). Im Schatten warteten die Familien. Die kleinen Mädchen trugen weiße Söckchen und kleine Halskrausen, und die kleinen Jungen hatten kurze Hosen an oder vielmehr ziemlich lange kurze Hosen, wie man sie in ferner Zeit in Hectors Land getragen hatte.

Hector konnte den Freund, der ihn abholen sollte, nirgends sehen. Also ging er mit seinem Koffer auf die

Straße, und die Sonne brannte noch immer sehr heiß vom Himmel. Sogleich tauchte ein Träger auf, um Hectors Gepäck bis zu den wartenden Taxis zu bringen, die bloß drei Meter entfernt standen, und dann erschien ein zweiter Kofferträger und sogar ein dritter, und Hector glaubte, daß sie sich gleich prügeln würden, aber da erblickte er zum Glück seinen Freund Jean-Michel, der lächelnd auf ihn zukam.

Jean-Michel war ein alter Kumpel von Hector, also eigentlich wie Édouard, aber doch war er ziemlich anders. Jean-Michel hatte Medizin studiert und war sehr bald aus seiner Heimat fortgegangen, um in den warmen Ländern zu arbeiten, in denen es kaum Ärzte gab. Er war ein großer und ziemlich stämmiger Bursche, der ein bißchen wie ein Ski- oder Surflehrer aussah. Hector erinnerte sich, daß er den Mädchen gefallen hatte, aber nicht den Eindruck machte, sich besonders für sie zu interessieren, und so interessierten sie sich um so mehr für ihn, und oft kamen sie zu Hector, um ihn über Jean-Michel auszufragen.

Jean-Michel griff nach Hectors Koffer, und sie gingen zum Parkplatz. Dieser Satz schreibt sich so leicht dahin, aber in Wahrheit war es viel komplizierter, denn auf dem Parkplatz gab es Bettler. Und wie kurz zuvor die Kofferträger, hatten auch sie Hector sogleich bemerkt. Und bald zogen alle Bettler ihre Kreise um Hector, streckten die Hand aus und riefen: »Monsieur, Monsieur, Monsieur, Monsieur, Monsieur ...«

Hector erkannte schnell, daß manche von ihnen sehr krank waren und sehr mager, einigen fehlte ein Auge, sie konnten sich offensichtlich kaum auf den Beinen halten, umschwärmten Hector aber weiter wie Gespenster und streckten die Hände nach ihm aus.

Jean-Michel schritt voraus und wirkte so, als würde er die Bettler überhaupt nicht sehen. Er sprach einfach weiter und sagte zu Hector: »Ich habe ein gutes Hotel für dich gefunden. Weißt du, die Wahl fiel mir nicht schwer, es gibt hier nur zwei.«

Als sie beim Auto angelangt waren, hatte Hector schon all sein Kleingeld verteilt und sogar ein paar Scheine, und jetzt erst merkte Jean-Michel etwas davon.

»Ah, stimmt ja«, sagte er, »für dich ist es das erste Mal.«

Jean-Michels Auto war ein großer Geländewagen, ganz weiß und mit aufgemalten Buchstaben. Auf dem Beifahrersitz saß ein junger Schwarzer mit einem Luftgewehr, der auf sie wartete.

»Ich möchte dir Marcel vorstellen«, sagte Jean-Michel, »er ist unser Leibwächter.«

Sie verließen den Parkplatz und fuhren in Richtung Stadt. Aus dem Fenster sah Hector vor neuem die verbrannten Berge, die Bettler, die dem fortbrausenden Auto nachschauten, die in der Sonne glühende Straße, die voller Schlaglöcher war, und auf dem Sitz vor ihm sah er Marcel mit seinem Gewehr auf den Knien. Er sagte sich, in diesem Land würde er das Glück vielleicht besser begreifen, aber ganz gewiß auch etliche Lektionen in Sachen Unglück bekommen.

Hector macht sich nützlich

Das Hotel war sehr hübsch. Es war ein schönes Anwesen mit vielen blühenden Bäumen, kleinen Bungalows anstelle der Zimmer und einem großen Swimmingpool, der sogar unter einer kleinen Holzbrücke hindurchführte. Aber man spürte doch, daß es ein wenig anders war als in einem Hotel, in dem die Leute bloß ihren Urlaub verbrachten. Es begann schon damit, daß am Eingang ein Schild informierte: »Wir bitten unsere werten Gäste und ihre Besucher, das Hotel nicht mit Waffen zu betreten. Bitte verständigen Sie die Rezeption.« Im Innern des Hotels sah man Weiße in Uniform (in einer drolligen Uniform mit Shorts), die an der Bar etwas tranken. Sie gehörten zu einer Art kleiner Armee, die alle Länder der Welt zusammengebastelt hatten, um in diesem Land wenigstens ein bißchen Ordnung herzustellen. Aber weil das Land nicht besonders wichtig war, hatte letztendlich niemand sehr viel Geld für diese Armee hergeben wollen. So war die kleine Armee gerade mal groß genug, sich selbst zu schützen; sie schaffte es nicht, viel Ordnung herzustellen, selbst wenn sie sich alle Mühe gab.

All dies wurde Hector von einem Herrn an der Bar erklärt. Er war ein Weißer, aber er trug keine Uniform. Er war eher angezogen wie Édouard zum Wochenende: ein schönes helles Hemd, eine gut gebügelte Hose, Schuhe wie die, mit denen man Golf spielen geht, und eine Uhr, die gewiß so teuer gewesen war wie die von Ying Li. (Hector mußte jetzt bei einer Menge Sachen an Ying Li denken.)

Der Herr war Ausländer, sprach Hectors Sprache aber sehr gut, und er trank nichts als Sprudelwasser. Und was komisch war, er hieß beinahe so wie Édouard, nämlich Eduardo! Hector fragte ihn, aus welchem Land er komme, und Eduardo sagte es ihm. Es war ein Land, das keinen besonders guten Ruf hatte, weil man dort fast überall Pflanzen für ein sehr schlechtes aufputschendes Medikament heranzog, das in Hectors Land absolut verboten war und in allen anderen Ländern der Welt übrigens auch. Daher waren viele Leute bereit, für dieses Medikament einen gewaltigen Preis zu zahlen. Natürlich war es nicht Eduardos Schuld, daß er in jenem Land geboren war, also tat Hector, als wäre das überhaupt nicht von Bedeutung; er wechselte das Thema und fragte ihn, womit er sich heutzutage befasse. Eduardo schaute Hector an, und wie wir schon gesagt haben, spürten die Leute immer schnell, daß Hector kein Bösewicht war, und solche schlauen Füchse wie Eduardo spürten das natürlich besonders schnell. Also antwortete er lachend: »Landwirtschaft!«

Hector fand das interessant für seine Untersuchung. Er fragte Eduardo, was im Leben ihn glücklich mache. Eduardo dachte ein wenig nach und sagte: »Wenn ich sehe, daß meine Familie glücklich ist, und wenn ich weiß, daß es meinen Kindern an nichts mangelt.«

Eduardo hatte schon große Kinder, und er hoffte, sie zum Studium in das Land schicken zu können, in dem es die meisten Psychiater der Welt gab. Hector fragte ihn, ob ihn der Gedanke nicht quäle, daß andere Familien vielleicht sehr unglücklich waren, weil ihre Kinder das schlechte aufputschende Medikament nahmen, welches Eduardo fabrizierte (Hector hatte natürlich begriffen, was Sache war).

Diesmal überlegte Eduardo nicht lange: »Wenn sie das nehmen, dann ist ihre Familie sowieso schon hinüber. Ihre Eltern kümmern sich nicht um sie, sondern denken bloß ans Geldverdienen oder an Sex, da ist es doch kein Wunder, wenn ihre Gören allen möglichen Quatsch anstellen!«

»Das stimmt«, sagte Hector.

Er fand nicht unbedingt, daß es stimmte, aber wenn ein Psychiater sagt »Ja, das stimmt!«, heißt das nichts weiter als »Ich habe Sie verstanden«. Aber er wies Eduardo darauf hin, daß es auch viele arme Leute gab, die dieses schlechte Medikament nahmen und sich damit ihr Leben noch schlimmer machten.

»Ich schaffe ja die Nachfrage nicht«, sagte Eduardo, »ich befriedige sie bloß.«

Hector antwortete, er verstehe das, aber er dachte trotzdem, daß Eduardo sein Glück und das Glück seiner Familie aus dem Unglück der anderen machte. Aber zugleich sagte er sich, daß Eduardo selbst in ein Land hineingeboren war, das insgesamt wie eine sehr schlechte Familie war.

Im übrigen hatten Hectors Fragen Eduardo vielleicht ein bißchen genervt, denn er bestellte einen Whisky, und der schwarze Barmann stellte ihn auf den Tresen. Womöglich finden Sie, daß wir nicht gerade viel über die Schwarzen gesprochen haben, und das in einem Land, wo alle schwarz sind, aber das liegt daran, daß in dieser Bar nur die Kellner, der Barmann und der Portier schwarz waren und daß sie überhaupt nichts sagten. Reden taten nur die Weißen, die Kunden – Eduardo, Hector und die Jungs in ihren Shorts.

Als Hector berichtete, daß er Psychiater sei, schien das Eduardo sehr zu interessieren. Er erzählte, seine Frau sei noch immer ziemlich unglücklich, und dabei fehle es ihr wahrhaftig an nichts. Also habe der Doktor aus seinem Heimatland verschiedene Pillen ausprobiert, aber keine von ihnen habe wirklich geholfen. Was dachte wohl Hector darüber?

Hector erkundigte sich nach dem Namen dieser Pillen. Eduardo meinte, er habe das Rezept auf dem Zimmer, und ging es holen. Hector trank währenddessen seinen Whisky (denn auch für ihn hatte Eduardo einen bestellt) und begann sich mit dem Barmann zu unterhalten, der Isidore hieß. Hector fragte ihn, was ihn im Leben glücklich mache. Isidore lächelte und sagte dann: »Meine Familie, und daß es ihr an nichts fehlt.«

Hector wollte wissen, ob das alles war.

Isidore überlegte und fügte dann hinzu: »Und auch, daß ich von Zeit zu Zeit mein zweites Büro besuche!«

Welche Art von Arbeit war das in diesem zweiten Büro? Isidore mußte lachen und wollte es Hector erklären, aber da kam Eduardo mit dem Rezept für seine Frau zurück.

Hector schaute es sich an und fand, daß es ein ziemlich schlechtes Rezept war. Der lokale Psychiater hatte die drei großen Sorten von psychiatrischen Medikamenten gleichzeitig verschrieben, aber keine von ihnen in der passenden Dosis, und so konnte das der Frau von Eduardo wahrscheinlich nicht richtig helfen. Hector stellte Eduardo noch einige Fragen, um herauszubekommen, an welcher Art von Traurigkeit die Dame litt, und er verstand ziemlich schnell, welche Pillensorte bei ihr am besten wirken mußte. Er erinnerte sich auch an einen guten Psychiater aus Eduardos Land, den er einmal auf einem Kongreß getroffen hatte. Es war normal, daß Eduardo ihn nicht kannte, denn dieser Psychiater arbeitete in einem Krankenhaus und trug Socken in den Sandalen, wohingegen Leute wie Eduardo eher Ärzte kennen, die solche Schuhe tragen wie sie selbst. Hector nannte Eduardo den Namen des Psychiaters und den Namen der Pille, die sie unterdessen ausprobieren sollten. Eduardo notierte sich alles mit einem schönen Federhalter, der so aussah, als wäre er aus purem Gold.

In diesem Moment kam Jean-Michel herein, und als er Hector mit Eduardo reden sah, zog er ein seltsames Gesicht. Hector wollte Eduardo Jean-Michel vorstellen, aber Jean-Michel schien es ziemlich eilig zu haben und machte sich mit Hector davon, während sich Eduardo noch bedankte und verabschiedete.

Im Auto fragte Jean-Michel Hector, ob er wisse, mit wem er da geredet habe.

Hector meinte, mehr oder weniger ja. Und Jean-Michel sagte: »Das ist einer von diesen Typen, die das Land noch tiefer in die Scheiße ziehen!«

Marcel sagte nichts, aber man spürte, daß er derselben Meinung war.

Hector entgegnete darauf nichts, denn er war gerade damit beschäftigt, in sein Notizbuch zu schreiben:

Lektion Nr. 9: Glück ist, wenn es der Familie an nichts mangelt.

Lektion Nr. 10: Glück ist, wenn man eine Beschäftigung hat, die man liebt.

Er erklärte Jean-Michel, daß der Barmann des Hotels noch in einem zweiten Büro arbeite. Darüber mußten Jean-Michel und Marcel lachen, und Marcel erklärte, daß der Ausdruck »ein zweites Büro haben« hierzulande einfach bedeutete, daß man zusätzlich zu seiner Frau noch eine gute Freundin hatte.

Da mußte Hector gleich an Ying Li und an Clara denken, und er sagte eine Weile gar nichts mehr.

Hector erhält eine Lektion in Unglück

Eine Menge schwarze Damen und Herren wanderten die staubige Straße entlang, und kleine Kinder ohne Schuhe gab es auch, und wenn das Auto in einem Stau feststeckte, kamen diese kleinen Kinder näher, um zu betteln. Sogar durch die getönte Scheibe hatten sie Hector erspäht, sie streckten ihre kleinen Hände in seine Richtung und lächelten so, daß man ihre schneeweißen Zähnchen sehen konnte.

»Du brauchst nicht zu versuchen, die Scheibe runterzulassen«, sagte Jean-Michel, »ich habe sie blockiert.«

»Aber warum machen sie gerade mir solche Zeichen?« meinte Hector und sah ein niedliches Mädchen, das ihm seine kleinen rosa Handflächen entgegenstreckte.

»Weil sie mitbekommen haben, daß du hier neu bist. Uns kennen sie ja schon.«

Die Stadt sah nicht gerade sehr gepflegt aus. Hector erblickte Häuser, die ganz klapprig waren und die man mit Brettern oder Wellblech halbwegs repariert hatte, und Villen, die einmal sehr schön gewesen sein mußten, inzwischen aber wie angeschimmelt wirkten. Schwarze Damen und Herren verkauften auf dem Bürgersteig verschiedene Dinge, aber es waren solche Dinge, wie man sie in Hectors Land einfach weggeworfen oder in die Rumpelkammer gestellt hätte. Es gab immerhin auch einen

Platz, wo sie schönes Gemüse in allen möglichen Farben verkauften. Hector hatte immer sagen hören, daß die Schwarzen tagein, tagaus lachen würden, aber hier sah er, daß es nicht stimmte. Die Kinder lächelten, aber die erwachsenen Schwarzen lächelten keineswegs.

Sie steckten immer noch im Stau, und Hector begriff nicht, weshalb es in einem so armen Land derart viele Autos gab.

»So viele Autos gibt es eigentlich gar nicht, aber weil das Land nur wenige Straßen hat, sind sie schnell verstopft. Und dann gibt es in der ganzen Stadt nur eine einzige Verkehrsampel!«

Schließlich schafften sie es doch, aus dem Stau herauszukommen, und bald sauste der Wagen auf einer Landstraße dahin. Diese Landstraße war auch nicht gerade gut in Schuß, mittendrauf lagen dicke Steine, und dann gab es Löcher die so groß wie Badewannen waren, aber Jean-Michel war so etwas gewohnt. Glücklicherweise, denn manchmal kamen ihnen Lastwagen entgegen, die volles Rohr die Straße entlangrasten und an denen sich links und rechts und sogar auf dem Dach jede Menge Leute festklammerten. Hector sagte sich, daß die Leute hierzulande zwar nicht viel lächelten, aber daß sie auf alle Fälle keine Angst hatten, denn hätte der Lastwagen einen Unfall gehabt, hätten sie sich sehr, sehr weh getan. Hector bemerkte auch, daß die Lastwagen häufig ganz bunt bemalt waren und man in großen Buchstaben auf sie geschrieben hatte DER LIEBE GOTT BEHÜTET UNS oder ES LEBE JESUS, DER UNS UNAUFHÖRLICH LIEBT, und er begriff, daß die Leute hier noch Vertrauen in Gott setzten, viel mehr als in Hectors Land, denn dort zählten die Leute vor allem auf die Sozialversicherung, wenn sie beschützt sein wollten.

Er fragte sich, ob es auch eine Lektion in Sachen Glück war, wenn man an den lieben Gott glaubte. Aber nein, daraus konnte er keine Notiz für sein Büchlein machen, denn ob man an den lieben Gott glaubt oder nicht, das sucht man sich ja nicht aus.

Die Landschaft sah nicht viel besser aus als in der Umgebung des Flugplatzes: große Hügel, die ein bißchen verbrannt wirkten, und nicht gerade viele schattenspendende Bäume.

Hector fragte, weshalb es in diesem Land so wenig Bäume gab.

Diesmal erklärte es ihm Marcel. Dieses Land war schon lange von ziemlich üblen Leuten regiert worden, aber eines Tages waren noch schlimmere an die Macht gekommen, und das hatte Länder wie das von Hector am Ende aufgeregt. Also hatten sich die Präsidenten und Minister jener Länder zusammengesetzt und für ein Embargo gestimmt, mit dem sie die üblen Personen zum Rücktritt zwingen wollten. Das Problem ist bloß, daß so etwas nie funktioniert, weil es den Leuten, die über solche Länder herrschen, meistens völlig schnurz ist, wenn ihre Einwohner und sogar die Babys vor Hunger krepieren, während jene, die das Embargo beschlossen haben, aus Ländern kommen, wo man es gewohnt ist, sich um die Leute und die Babys zu sorgen, und so verstehen sie das Problem nicht, und das Embargo läuft weiter, die Babys magern immer mehr ab, und die Mütter sind sehr traurig.

Auch für die Bäume war es nicht gut gewesen, denn weil das Land wegen des besagten Embargos kein Erdöl oder Erdgas mehr kaufen durfte, waren die Leute aus der Stadt gezwungen, Holz zu fällen, um ihr Essen kochen zu können. Das Resultat war, daß es in vielen Gegenden keine Bäume mehr gab. Und als nächstes hatte der Regen den Boden ausgewaschen, die Erde war fortgeschwemmt worden, und was übrig blieb, waren große Hügel aus Stein, und Steine nützen einem nicht groß was.

»Und jetzt«, sagte Marcel, »jetzt wollen die Vereinten Nationen ein Wiederaufforstungsprogramm finanzieren, aber haben Sie vielleicht schon mal Bäume auf Kieselsteinen wachsen sehen?«

Marcel sah nicht gerade zufrieden aus, als er das sagte; man spürte, daß er auf die Vereinten Nationen (die Leute, die das Embargo beschlossen hatten) sauer war, selbst wenn die üblen Leute, die das Land regiert hatten, inzwischen abgehauen waren. Aber wenn diese üblen Leute weg waren, wieso besserten sich die Dinge dann nicht? Marcel erklärte, daß die Leute einen freundlichen Herrn zum Präsidenten gewählt hatten, der immer gegen die üblen Personen von damals gewesen war, aber kaum war er Chef geworden, da wurde er ein bißchen wie sie.

Schließlich begann die Straße anzusteigen, und sie gelangten in hübschere Gegenden, wo es Bäume und kleine Dörfer gab, und hier sah Hector, daß die Leute am Straßenrand ein bißchen zufriedener wirkten, und wenn das Auto wegen eines Esels oder eines Karrens langsamer fahren mußte, kamen auch keine bettelnden Kinder angerannt.

Sie gelangten zu einem Gebäude, das man direkt an eine kleine Kirche angebaut hatte. Über dem Eingang stand geschrieben »Poliklinik«, und draußen auf einer Bank im Schatten saßen jede Menge schwarze Frauen und warteten mit ihren Babys.

Sie schauten auf Hector und lächelten, als er mit Jean-Michel hineinging, und Jean-Michel erklärte ihm, daß sie gewiß glaubten, Hector sei ein neuer Arzt. So verkehrt war das ja gar nicht, denn wenn gewisse Leute auch das Gegenteil behaupten, Psychiater sind wirklich richtige Doktoren!

Drinnen gab es junge schwarze Damen in weißen Kitteln. Sie untersuchten die Babys, und ein junger Mann war auch dabei. Sie freuten sich sehr, als Jean-Michel und Hector hereinkamen. Jean-Michel erklärte, daß es Krankenschwestern und ein Krankenpfleger waren, aber daß sie viele Arbeiten machten, die in Hectors Land nur ein Arzt erledigen durfte, und daß er selbst nur vorbeikam, um nach den Kindern zu sehen, deren Krankheiten ein bißchen kompliziert waren. Hinterher hatte Jean-Michel nämlich noch drei andere Polikliniken abzufahren.

Hector ließ ihn in Ruhe arbeiten, und draußen traf er Marcel, der im Schatten der Bäume rauchte. Er fragte Marcel, weshalb die Leute hier zufriedener wirkten als in der Stadt.

»Auf dem Lande kann man mit einem Gemüsegarten und ein paar Hühnern immer durchkommen. Und dann bleiben die Leute in den Familien, sie helfen sich gegenseitig. In der Stadt schaffen es die Leute nicht, sich aus dem Schlamassel zu ziehen, wenn sie kein Geld haben. Also gehen die Familien kaputt, es gibt eine Menge Alkohol und Drogen, und dann sehen die Leute ja auch, was sie sich kaufen könnten, wenn sie das nötige Geld hätten. Hier draußen gibt es viel weniger Versuchungen.«

Hector sagte sich, daß ihn das an mindestens drei Lektionen erinnerte, die er sich bereits notiert hatte. Aber er hatte noch eine andere gelernt:

Lektion Nr. 11: Glück ist, wenn man ein Haus und einen Garten hat.

Er dachte an alles, was er seit seiner Ankunft gesehen und gehört hatte, und notierte noch:

Lektion Nr. 12: Glück ist schwieriger in einem Land, das von schlechten Leuten regiert wird.

Und das erinnerte ihn an das Leben des alten chinesischen Mönchs und die Geschichte der Familie von Ying Li. Und an Ying Li mußte er auch wieder denken, notgedrungenermaßen.

Hector lernt eine neue Lektion

Der Abend brach herein, und sie machten sich auf den Rückweg in die Stadt, denn Jean-Michel sagte, dass man nachts in diesem Land besser nicht unterwegs sein sollte.

Sie fragen sich vielleicht schon eine ganze Weile, weshalb Marcel im Auto ein Luftgewehr auf den Knien trug. Wer hätte Jean-Michel, der überall die Babys behandelte, schon etwas zuleide tun wollen?

Es erklärt sich so: Ein Auto ist hierzulande von großem Wert, und die modernen Autos lassen sich schlecht starten, wenn man die Schlüssel nicht hat. Also lauern die einheimischen Banditen an einem Ort, wo man zum Anhalten gezwungen ist (nicht an der roten Ampel, denn es gab ja bloß eine einzige Ampel, aber zum Beispiel vor einem großen Stein, der mitten auf der Straße liegt), und dann kommen sie mit ihren Revolvern, zwingen einen zum Aussteigen und fahren mit dem Auto samt Schlüsseln davon. Das Problem dabei ist, daß sie, bevor sie das Auto stehlen, die Insassen häufig umbringen, weil sie nicht angezeigt werden wollen oder einfach bloß, weil sie gereizt sind, zu viel Rum getrunken oder schlechte Pillen geschluckt haben.

»Das passiert immer häufiger«, sagte Jean-Michel. »Tag für Tag kommen neue Banditen von anderswo in dieses Land, denn hier ist die Polizei nicht so effizient.«

»Das ist auch Globalisierung«, sagte Marcel und lachte.

Daß die Polizei nicht so effizient war, erklärte auch, weshalb Leute wie Eduardo gerade in dieses Land kamen, um ihre Geschäfte zu machen, und im übrigen machten sie ihre Geschäfte oft direkt mit der Polizei, das war praktischer.

In der Hotelbar saßen immer noch uniformierte Weiße in Shorts, aber Eduardo war nicht da, und das traf sich gut, denn Hector hatte sehr wohl gespürt, daß Jean-Michel und Eduardo nicht füreinander geschaffen waren.

Isidore, der Barmann mit dem zweiten Büro, schien sich über das Wiedersehen mit Hector zu freuen. Er brachte ihnen gleich ein Bier, und Hector fand es ganz vorzüglich, denn in diesem Land, wo alles so schlecht funktionierte, braute man trotzdem vorzügliches Bier.

Hector fragte Jean-Michel, ob er glücklich sei. Darüber mußte Jean-Michel lachen. (Später dachte Hector, daß diese Frage einen Mann eher zum Lachen brachte, Frauen dagegen manchmal in Tränen ausbrechen ließ.)

»Ich stelle mir diese Frage gar nicht, aber ich glaube, daß ich es bin. Ich mache eine Arbeit, die ich liebe, ich weiß, daß ich sie gut mache, und außerdem fühle ich mich hier wirklich nützlich. Und dann sind die Leute freundlich zu mir, du hast ja gesehen, wir bilden ein richtiges Team.«

Jean-Michel trank einen Schluck Bier und sagte dann: »Hier hat jeder meiner Tage einen Sinn.«

Hector fand das sehr interessant, denn auch er machte in seinem Land eine nützliche Arbeit, aber manchmal, wenn er lauter Leute in der Sprechstunde hatte, die ohne richtiges Unglück oder richtige Krankheit unglücklich waren, und er ihnen nicht helfen konnte, dann fragte er sich schon, ob seine Tage einen Sinn hatten, und sehr glücklich machte ihn das nicht.

»Und dann fühle ich«, sagte Jean-Michel, »daß man mich so liebt, wie ich eben bin.«

Sie haben ja vielleicht schon verstanden, daß Jean-Michel und Marcel ein bißchen mehr als Freunde waren oder ein bißchen mehr als ein Weißer und sein schwarzer Leibwächter, und Sie haben auch begriffen, weshalb Jean-Michel sich nie besonders für Mädchen interessiert hatte. Über so was hatte er mit Hector niemals gesprochen, und selbst jetzt redete er nicht offen darüber, aber einem Freund, der Psychiater ist, braucht man ja nicht alles haarklein zu erklären (einem Freund, der kein Psychiater ist, übrigens auch nicht).

Hector merkte, daß Jean-Michel verstohlen zu ihm hinschaute, um zu sehen, wie er die Sache aufnahm, und daß er trotz allem ein bißchen nervös wirkte. Also sagte Hector: »Stimmt. Ich glaube, so glücklich wie jetzt habe ich dich noch nie erlebt.«

Da lächelte Jean-Michel und bestellte noch zwei Bier, und dann redeten sie nicht mehr darüber, denn Männer sind eben so.

Jean-Michel fuhr wieder weg, und Hector ging auf sein Zimmer, um sich vor dem Abendessen ein wenig auszuruhen. Diesen Abend wollte er zu seiner Kollegin Marie-Louise fahren, die er im Flugzeug getroffen und die ihn zu ihrer Familie eingeladen hatte.

Das Zimmer war sehr hübsch, jedenfalls wenn Sie diese Art von hübsch mögen, mit einem Marmorfußboden und Möbeln wie in einem Schloß, bloß neuer, und die Badewanne war rot mit ganz vergoldeten Armaturen. Hector ruhte sich auf seinem Bett aus, als das Telefon läutete.

Es war Clara. Hector hatte ihr ein paar Stunden zuvor eine Nachricht auf den Anrufbeantworter gesprochen, weil sie gerade in einer Sitzung war.

»Und, amüsierst du dich gut?« fragte sie Hector.

Das hörte Hector nicht gern, denn es war dieselbe Frage, die Édouard ihm ins Ohr geflüstert hatte, als er in der Bar mit der sanften Beleuchtung zum ersten Mal mit Ying Li sprach.

»Jaja, es ist sehr interessant.«

Hector fühlte sich schlecht, weil er das Allerinteressanteste natürlich nicht erzählen konnte. In diesem Augenblick hatte er das Gefühl, Clara wirklich zu betrügen.

»Und bei dir, wie läuft es im Büro?«

»Oh, nicht übel.«

Clara erklärte, daß der Name, den sie für die neue Pille ausgewählt hatte, von den großen Chefs angenommen worden war. Es war ein Erfolg für sie, und Hector gratulierte.

Aber all das war kein richtig lebendiges Gespräch; sie redeten zwar weiter, aber so wie Leute, die es nicht schaffen, sich wirklich wichtige oder berührende Dinge zu sagen, sondern die zueinander bloß nett sein wollen. Schließlich sagten sie sich Küßchen und auf Wiederhören.

Hector ließ sich der Länge nach auf sein Bett fallen, und in seinem Kopf begann es mächtig zu arbeiten.

Er hatte gerade begriffen, weshalb er es nicht schaffte, Ying Li zu vergessen.

Es lag nicht daran, daß sie sehr hübsch war, denn Clara war ja auch hübsch. (Hector hatte häufig hübsche Freundinnen gehabt, vielleicht, weil er mit seinem eigenen Aussehen nicht besonders zufrieden war, und wenn er mit einer sehr hübschen Freundin ging, hatte er immer den Eindruck, daß wenigstens der Durchschnitt stimmte.)

Es lag auch nicht daran, daß er mit Ying Li gemacht hatte, was die verliebten Leute tun, denn immerhin hatte er so viel Erfahrung, daß ihn solch ein Vorkommnis allein nicht gleich verliebt machte.

Nein, er erinnerte sich an den Moment, in dem er sich wirklich in Ying Li verliebt hatte.

Sie haben das vielleicht schneller verstanden als er, denn in Liebesdingen sind Psychiater nicht unbedingt intelligenter als andere Leute.

Es war passiert, als Ying Li so glücklich aus dem Badezimmer gekommen und dann ganz plötzlich traurig geworden war, als sie begriffen hatte, daß Hector gerade begriffen hatte.

Es war passiert, als sie gemeinsam beim Abendessen saßen und Hector gespürt hatte, daß sie ganz verschüchtert war.

Es war passiert, als sie in seinen Armen geweint hatte.

Es war jedesmal passiert, wenn sie in seiner Gegenwart ihre Gefühle gezeigt hatte.

Hector hatte sich in Ying Lis Emotionen verliebt, und so etwas geht ganz, ganz tief.

Hector versteht das Lächeln der Kinder besser

»Nehmen Sie doch noch ein bißchen Ziege und etwas von den Süßkartoffeln«, sagte Marie-Louise.

Und Hector griff zu, denn es schmeckte wirklich sehr gut. Er sagte sich, daß der Wolf, der die Geißlein gefressen hatte, eine tolle Mahlzeit gehabt haben mußte.

Am Tisch saßen eine Menge Leute: die Mutter von Marie-Louise, die eine große und etwas traurige Dame war, die Schwester von Marie-Louise und ihr Mann, ein jüngerer Bruder von Marie-Louise und noch mehrere Cousins oder Freunde, das wußte er nicht so genau. Lustig war, daß sie alle verschiedene Hautfarben hatten: Marie-Louises Mutter hatte eine Haut wie Hector, wenn er braungebrannt war, die Schwester war dunkler, die Cousins und Cousinen teils, teils, der kleine Bruder war so schwarz wie Marcel, und allesamt waren sie sehr freundlich zu Hector. Auf einer Kommode stand das Foto eines schönen schwarzen Herrn in elegantem Anzug, das war der Vater von Marie-Louise. Sie hatte Hector erzählt, daß er Rechtsanwalt gewesen war und vor vielen Jahren in die Politik hatte gehen wollen, zu einer Zeit, als in diesem Land wie üblich die schlechten Leute an der Macht waren. Eines Morgens hatte er Marie-Louise, die damals noch ein kleines Mädchen war, ein Küßchen gegeben und war in sein Büro gegangen, und am Abend hatte ein Lastwagen ihn vor dem Haus abgeladen und war davongebraust, aber da war ihr Vater tot gewesen und sehr entstellt. Politik funktionierte in diesem Land häufig so. Am Ende hatte Hector Mühe, sein Essen herunterzukriegen, aber Marie-Louise schien sich nach all den Jahren schon daran gewöhnt zu haben, die Geschichte zu erzählen.

»Meine Mutter hat sich davon niemals erholt«, erklärte sie. »Ich glaube, daß sie noch immer Depressionen hat.«

Und als er zu Marie-Louises Mutter hinüberschaute, wie sie am anderen Ende des Tisches saß und nichts sagte, da merkte Hector, daß es wirklich so war.

Hector und Marie-Louise begannen über Pillen und Psychotherapien zu reden. Marie-Louise hatte wirklich alles versucht und ihre Mutter sogar zur Behandlung in das Land mit den vielen Psychiatern mitgenommen, aber sie war niemals wieder richtig aufgelebt. Denn es gibt im Leben große Unglücke, nach denen die Psychiatrie zwar ein bißchen helfen, aber die Leute nicht wieder gesundmachen kann.

Der Mann von Marie-Louises Schwester hieß Nestor und war ein ziemlich lustiger Geschäftsmann, der mit Hector gern Scherze machte. Zuerst fürchtete Hector, es könnten solche Geschäfte sein wie die von Eduardo, aber nein, Nestor importierte Fahrzeuge und exportierte Gemälde von einheimischen Künstlern. Er besaß auch eine Fabrik, in welcher Schuhe hergestellt wurden, damit die Leute in Hectors Land joggen gehen konnten. (Als er Nestor so ansah, dachte Hector, daß es Leute wie Charles wahrhaftig in der ganzen Welt und mit allen Hautfarben gab.) Hector fragte ihn, ob das den Leuten von hier dabei half, weniger arm zu werden. Nestor meinte, ein bißchen, aber es müßte eigentlich Hunderte Leute von seiner Sorte geben.

»Das Problem bei uns ist, das Land ist nicht sicher. Also gibt es keine Investitionen und damit auch keine Arbeit. Man redet immer von der Globalisierung, aber das Problem ist, wir sind nicht mit dabei.«

Hector verstand, daß die Globalisierung also nicht immer eine schlechte Sache war, ganz im Gegensatz zu dem, was bestimmte Leute in seinem Land darüber dachten.

Der Mann von Marie-Louise war nicht da. Er war in diesem Land geboren worden, aber heute arbeitete er als Ingenieur in dem großen Land voller Psychiater, und das nützte seinem Land auch nicht gerade viel, außer daß er seiner Familie, die hiergeblieben war, Geld schickte. Und all das, weil Marie-Louise nicht wollte, daß ihre Kinder mit einem Leibwächter in die Schule gehen mußten.

Hector hatte übrigens auch gleich eine Frage zum Thema Kinder auf den Lippen. Er wollte wissen, weshalb die Kinder, die er in der Stadt gesehen hatte, immer lächelten, obwohl sie doch auf der Straße lebten und keine Schuhe und nichts hatten, oft nicht einmal Eltern, die sich um sie kümmerten. Die großen Leute hingegen, die lächelten nicht, und das konnte man auch verstehen bei dem Leben, das sie führten. Aber warum wirkten die kleinen Kinder so glücklich?

Alle fanden die Frage sehr interessant, und es gab eine Menge Antworten.

»Weil sie ihre Lage noch nicht begreifen; sie können ja keine Vergleiche anstellen.«

Das erinnerte Hector an seine Lektion Nr. 1.

»Das kommt, weil die traurigen Kinder schneller sterben, also sieht man sie nicht mehr. Am Ende überleben nur die, die fröhlich sind.«

»Weil es ihnen Spaß gemacht hat, Hector zu sehen.«

Darüber brachen alle in Gelächter aus, und Marie-Louise sagte zu Hector, dieses Lachen beweise ja wohl, daß es die richtige Erklärung war!

Und eine Cousine (die ein bißchen zu hübsch war, so daß Hector aufpaßte, nicht zu oft in ihre Richtung zu gucken) sagte dann: »Weil sie wissen, daß man zu einem lächelnden Kind freundlicher sein wird.«

Alle fanden, daß diese Erklärung die beste war, und die Cousine blickte Hector lächelnd an, und der fragte sich, ob sie das vielleicht tat, damit er zu ihr freundlich sein sollte.

Das Lächeln der Kinder erinnerte Hector an die Geschichte eines seiner Psychiaterkollegen. Als der ein Kind war, hatten ausländische Leute Hectors Land besetzt und beschlossen, alle Menschen sterben zu lassen, die nicht die passenden Familiennamen hatten. Dafür transportierten sie sie mit Zügen alle weit fort, in Gegenden, wo ihnen niemand bei diesen schrecklichen Taten zuschauen konnte. Und Hectors Kollege war so ein kleines Kind mit der falschen Sorte Familiennamen gewesen, und man hatte ihn mit anderen Kindern in ein Lager gesperrt, wo sie den Zug abwarten sollten, der sie in den Tod fuhr. Aber weil er ein Kind war, das lächelte und alle Welt zum Lachen brachte, sogar die Bewacher des Lagers, hatten ihn die Großen beiseitegenommen und versteckt, und man hatte ihn nicht mit den anderen losgeschickt.

Das ist also eine Sache, die alle Kinder wissen müssen, wenn sie überleben wollen: Zu einem lächelnden Kind ist man freundlicher.

Es begann spät zu werden, und weil das Essen scharf war, machte es Durst, und Hector hatte nicht gerade wenig getrunken und fühlte sich jetzt ein bißchen müde. Alle wünschten sich eine gute Nacht, und Marie-Louise begleitete Hector bis zu dem Auto, das ihn ins Hotel bringen sollte. Es war ein großer Geländewagen wie der von Jean-Michel, und er hatte einen Chauffeur, der aber nicht so angezogen war wie die Chauffeure in Hectors Land: Er trug bloß ein Buschhemd, eine alte Hose mit ausgestellten Hosenbeinen und eine Art Badelatschen. Auch er hatte einen Leibwächter, der sehr jung war, aber einen dicken Revolver trug. Als Hector an ihnen vorbeiging, um hinten einzusteigen, roch er, daß sie Rum getrunken hatten, aber in diesem Land war das vielleicht einfach ein gutes Mittel, um auf der Straße keine Angst zu kriegen. Er winkte Marie-Louise und ihrer Familie, die jetzt alle auf der Vortreppe standen, zum Abschied zu, und dann brauste der Wagen in die Dunkelheit.

Hector fühlte sich ziemlich glücklich: Er sagte sich, daß er Clara eine Menge interessanter Dinge zu erzählen haben würde, denn was ihm in diesem Land passierte, das durfte er ihr ja alles erzählen.

Er hätte sich auch gern ein bißchen mit dem Chauffeur und dem Leibwächter unterhalten und sie gefragt, ob sie glücklich waren, aber dafür war er zu müde. Und so schlief er ein.

Er träumte von Ying Li, was beweist, daß die Träume der Psychiater nicht schwerer zu verstehen sind als die Träume anderer Leute.

Hector hat kein ruhiges Leben mehr

Richtig aufgewacht war er nicht, aber einen Moment hatte er den Eindruck, der Wagen hätte angehalten, die Tür geknallt und jemand geschrien. Aber weil er gerade träumte, daß er mit Ying Li auf einem kleinen Schiff fuhr und sie zu zweit das Meer überquerten, um in Hectors Land zu kommen, hatte er sich geweigert, aus seinen Träumen gerissen zu werden.

Nun ja, das war sehr dumm von ihm gewesen.

Denn als Hector vollständig aufwachte, hatte er das Gefühl, daß der Chauffeur und sein Leibwächter ausgetauscht worden waren. Manche Leute sagen, daß man die Schwarzen manchmal nicht unterscheiden kann, besonders bei Nacht und wenn man keine Übung hat, aber hier, nein, hier war es anders. Hector sah gleich, daß es nicht dieselben Personen waren, und er versuchte zu begreifen, woran das lag. Was er ebenfalls zu begreifen versuchte, war, weshalb der Wagen noch immer durch die Nacht rollte. Denn sein Hotel war nicht weit von Marie-Louises Haus entfernt, gerade mal so weit, daß man einen Traum träumen konnte, und nun waren sie immer noch unterwegs. Wäre Hector ein bißchen wacher gewesen oder ein bißchen pfiffiger (Hector war ja ziemlich intelligent, aber nicht unbedingt pfiffig), dann hätte er erraten, was passiert war, aber statt dessen fragte er: »Wohin fahren wir denn?«

Die beiden Schwarzen auf den Vordersitzen schreckten in die Höhe, so daß sie beinahe mit dem Kopf ans Wagendach stießen, und das Auto machte einen Riesenschlenker. Sie drehten sich zu ihm um und starrten ihn mit großen Augen an, und der Fahrer sagte: »O mein Gott!« Der andere zog einen dicken Revolver hervor und zielte auf Hector, wobei ihm die Hand ein bißchen zitterte. In diesem Moment sah Hector, daß die beiden wie Polizisten angezogen waren. Da begriff er, was geschehen war.

Wir haben Ihnen ja schon gesagt, daß es kompliziert ist, ein Auto zu stehlen, wenn man die Schlüssel nicht hat; für Banditen ist es also am praktischsten, einen zu zwingen, aus dem Auto zu steigen und die Schlüssel herzugeben. In diesem Land gab es nun Banditen, die zu diesem Zweck eine gute Methode entdeckt hatten: Sie verkleideten sich als Polizisten! Wenn die Polizisten einem auf der Landstraße Zeichen machen, daß man anhalten soll, dann wird man ihnen natürlich gehorchen, denn wenn nicht, kriegt man eine saftige Geldstrafe, oder sie können sogar auf einen schießen. Also gab es nachts von Zeit zu Zeit falsche Sperren oder vielmehr richtige Sperren mit falschen Polizisten. Und das mit den Uniformen war nicht weiter schwierig zu machen, denn jedermann hatte einen Bruder oder einen Cousin bei der Polizei, und der konnte seine Jacke und seine Mütze ausleihen, wenn er nicht im Dienst war (eigentlich reichte die Jacke, denn in diesem Land trugen selbst die richtigen Polizisten alle möglichen Hosen und verschiedenerlei Schuhwerk, sogar abgewetzte Turnschuhe).

Hector begriff nun alles. Die beiden falschen Polizisten mußter das Fahrzeug gestoppt haben; sie hatten den

Chauffeur und seinen Leibwächter aussteigen lassen und vielleicht ein bißchen verdroschen, und dann waren sie blitzschnell losgesaust, ohne zu merken, daß da jemand auf den Rücksitzen schlief – Hector!

Als Hector sah, daß die Mündung des Revolvers auf ihn zeigte, begann er Angst zu kriegen, allerdings nicht sehr. Er wußte sehr wohl, daß manche Männer, und besonders Banditen, sehr bösartig oder verängstigt sein konnten und daß sie dann Leute umbrachten, aber weil er so etwas nie aus der Nähe gesehen hatte (Hector hatte immer ein recht friedliches Leben gehabt, wie in seinem Land übrigens die meisten Leute, die so alt waren wie er), konnte er nicht wirklich glauben, daß man ihm etwas zuleide tun würde, selbst wenn er wußte, daß es möglich war.

Währenddessen hatte der Mann, der auf dem Platz des Leibwächters saß, rasend schnell in sein Handy zu sprechen begonnen. Hector verstand nicht alles, denn er verwendete eine Sprache, die der von Hector ähnelte, aber nicht glich. Am Tonfall erkannte Hector nur, daß der Mann mit einem Chef sprach und daß dieser Chef wollte, daß man Hector zu ihm brachte. Hector fand das gar nicht so schlecht, denn wie er von seiner Mutter wußte (und Sie vielleicht von Ihrer Mutter wissen), war es immer besser, mit dem lieben Gott persönlich zu sprechen als mit seinen Heiligen.

Aber später, als er den Chef sah, fragte er sich, ob seine Mutter immer recht gehabt hatte.

Der Chef schaute Hector wortlos an, wie man einen Stuhl anschaut oder ein sperriges Paket, von dem man nicht weiß, was man mit ihm anfangen soll. Die beiden anderen erklärten ihm indessen, was passiert war, und ihre Stimmen waren dabei ziemlich schrill für erwachsene Schwarze. Sie haben sicher schon begriffen, daß die beiden Angst vor ihrem Chef hatten, und das vermittelt Ihnen vielleicht eine gewisse Vorstellung davon, wie wenig gemütlich dieser Chef war, genausowenig gemütlich wie seine beiden Freunde, die mit ihm bei Tisch gesessen hatten, als Hector eingetroffen war.

Sie befanden sich in einem großen Haus, das früher sehr schön gewesen sein mußte, jetzt aber ganz heruntergekommen war. In einem Nachbarzimmer gab es schöne schwarze Damen, die auf einer großen Couch saßen und fernsahen. Sie trugen hübsche enganliegende Kleider und Ohrringe, und man hätte meinen können, sie wären geradewegs aus dem Friseursalon gekommen. Von Zeit zu Zeit stand eine von ihnen mit einer etwas müden Bewegung auf und ging an die Tür, um einen Blick auf Hector zu werfen oder zu hören, was die anderen sagten, aber Hector vermied es, sie genauer anzuschauen, denn es war nicht der passende Moment für solche Scherze.

Der Chef war besser gekleidet als seine Männer, er sprach Hectors Sprache ohne den lokalen Akzent, und Hector erriet, daß er zu der Sorte Banditen gehörte, von denen Marcel gesprochen hatte, und daß er in dieses Land gekommen war, weil die Polizei hier nicht besonders gut funktionierte.

Einer der Freunde des Chefs sagte: »Wegen diesen beiden Blödsäcken stecken wir jetzt ganz schön in der Scheiße!«

Und der andere Freund des Chefs warf Hector einen bösartigen Blick zu und knurrte: »Was glotzt du mich so an?«

Hector begann sich zu erklären; er sagte, daß er bei der Familie von Marie-Louise zum Abendessen eingeladen gewesen sei. Die anderen schauten sich an, und dann meinte der eine: »Na super, das ist echt der Hauptgewinn!« Hector erklärte auch, er sei Arzt (aber daß er Psychiater war, traute er sich nicht zu sagen, ohne recht zu wissen, weshalb nicht; er dachte, das könnte den Anführer der Banditen vielleicht aufregen) und Jean-Michel, der Doktor, der die kleinen Kinder in den Polikliniken behandelte, sei sein Freund.

Aber er hatte keine Zeit, viel darüber zu erzählen, denn der Chef befahl den anderen, ihn wegzubringen, und bald darauf fand er sich in eine Art Wandschrank eingesperrt wieder, in dem es an der Decke eine kleine Glühbirne gab und auf dem Boden jede Menge Bierkästen. Es roch dort auch sehr nach krepierter Ratte, und dieser Geruch machte auf Hector keinen guten Eindruck.

Die Tür war nicht besonders dick, und so hörte er, was die anderen sagten.

Die Banditen waren verschiedener Meinung und schienen sich zu zanken. Es war ziemlich schwer zu verfolgen, aber in groben Zügen bekam man es trotzdem mit.

Es gab einen, der immerzu fragte: »Wieviel können wir für ihn kriegen?«

Der andere entgegnete immer: »Hör doch auf, das ist ein Weißer, da lassen sie uns doch nie mehr in Frieden.«

Worauf der erste wieder anfing: »Genau, ein Weißer. Der ist viel Geld wert.«

Aber der dritte meinte: »Auf jeden Fall hat er uns jetzt gesehen.«

Hector hatte den Eindruck, daß es der Anführer war, der das sagte. Und da fühlte er sich ziemlich unglücklich, denn er begann zu glauben, daß er sterben mußte.

Hector meditiert über seinen Tod

Hector hatte in seinem Leben ziemlich oft an den Tod gedacht. Schon bei seinem Medizinstudium hatte er eine ganze Menge Leute im Krankenhaus sterben sehen. Damals waren er und seine Mitstudenten sehr jung, und die meisten Leuten, die im Krankenhaus starben, waren älter, und so hatten die Studenten ein bißchen das Gefühl, daß der Tod zu Leuten von einer anderen Art kam, selbst wenn sie wußten, daß es nicht stimmte. Aber wie wir schon gesagt haben, sind Wissen und Fühlen zweierlei Dinge, und was wirklich zählt, ist das Gefühl.

Er hatte Leute gesehen, die sehr friedlich und beinahe zufrieden gestorben waren. Von diesen Leuten gab es mehrere Sorten, zum Beispiel solche, die von ihrer Krankheit schon sehr erschöpft waren, so daß sie fanden, ihr Leben sei zu anstrengend geworden, und die sich eher freuten, daß es nun zu Ende ging. Es gab auch solche, die sehr stark an den lieben Gott glaubten, und für die war der Tod bloß ein Übergang, und es machte sie nicht traurig. Und dann gab es Leute, die fanden, sie hätten bereits ein schönes Leben hinter sich und könnten sich nicht beklagen, wenn es jetzt aufhörte. Es waren natürlich meistens ziemlich alte Leute, die das sagen konnten.

Aber von Zeit zu Zeit gab es auch jemanden, der so jung war wie Hector und seine Mitstudenten und der mit einer sehr, sehr schlimmen Krankheit in die Klinik kam, und jeden Tag sahen sie, wie er abmagerte, wie er litt, weinte und schließlich starb. Da konnten sie hundertmal versuchen, die ganze Sache bloß als eine Gelegenheit zu betrachten, bei der man den Arztberuf besser erlernen konnte – es nahm sie trotzdem einigermaßen mit.

In die Psychiatrie zu gehen, hatte Hector auch deshalb beschlossen, weil einer der Vorteile dieses schönen Berufes ist, daß ein Psychiater seine Patienten nicht oft sterben sieht. In anderen Fachrichtungen war es dagegen richtig schrecklich (wir nennen keine Namen, damit Sie nicht schon im voraus große Angst kriegen, wenn Sie eines Tages zu so einem Arzt gehen müssen). Hector kannte sogar einige Doktoren aus diesen Fachrichtungen, die zu ihm in die Sprechstunde kamen, weil sie es irgendwann nicht mehr verkrafteten, die Patienten wegsterben zu sehen. Hector hatte ihnen eine Menge Pillen und auch Psychotherapien verschreiben müssen.

Und dann hatte Hector natürlich schon Leute sterben sehen, die er sehr mochte, aber auch sie waren älter als er, abgesehen von einer sehr guten Freundin, und noch immer dachte er von Zeit zu Zeit, wie alt sie heute gewesen wäre und was er mit ihr alles hätte bereden können.

All das erklärt vielleicht, warum Hector in seinem kleinen Kabuff, wo es nach toter Ratte roch, keine so große Angst vor dem Tod hatte. Denn wenn Sie häufig an eine Sache denken, macht sie Ihnen immer weniger angst.

Hector sagte sich auch, daß er, wenn er jetzt vielleicht sterben mußte, bereits ein gutes Leben hinter sich hatte: Sein Vater und seine Mutter waren freundlich gewesen, er hatte richtig gute Freunde, war mehrere Male sehr verliebt gewesen und hatte einen Beruf erlernt, für den er sich begeistern konnte; oft hatte er den Eindruck gehabt, den Leuten nützlich zu sein, und großes Unglück war ihm niemals widerfahren. Es war ein besseres Leben, als es viele seiner Bekannten hatten, und gewiß ein viel besseres als das der meisten Bewohner der Erde.

Natürlich hatte er keine Zeit gehabt, kleine Hectors oder Hectorinen in die Welt zu setzen, aber vielleicht war das auch gut so, denn jetzt wären Halbwaisen aus ihnen geworden.

Die Angst vor dem Tod war also nicht das Schlimmste. Nein, was Hector unglücklich machte, war der Gedanke an die Leute, die er liebte und die ihn liebten und die er nun nicht wiedersehen würde, und die Vorstellung, wie unglücklich sie sein würden, wenn sie von seinem Tod erführen.

Er dachte an Clara und daran, wie schlecht es ihr gehen würde, wenn sie die Nachricht erhielte, und nun kamen ihm ganz schnell hintereinander jede Menge Erinnerungen an sie: wie es war, wenn sie lachte, wenn sie weinte, wenn sie mit ihm sprach und wenn sie sich im Schlaf an ihn schmiegte.

Er spürte, wie sehr er sie liebte und daß auch sie ihn liebte und daß sie wahrscheinlich viel leiden würde.

Er dachte auch an Ying Li, aber nicht so sehr, denn mit ihr hatte er weniger gemeinsame Erinnerungen. Ying Li war wie eine Zukunft, die nicht mehr stattfinden würde, die aber sowieso nie große Chancen gehabt hatte.

Er dachte auch an seine alten Freunde wie Édouard und Jean-Michel, vor allem an Jean-Michel, der vielleicht Schuldgefühle haben würde, weil Hector in dieses Land gekommen war, um ihn zu besuchen.

Und dann dachte er an seine Eltern, und auch das war

schrecklich, denn auch wenn es ziemlich oft passiert, so ist es für die Eltern doch nicht normal, wenn ihr Kind vor ihnen stirbt.

Er erinnerte sich an die Mutter von Marie-Louise, die seit dem Tod ihres Mannes nie wieder richtig aufgelebt war, und er fragte sich, ob so etwas nicht mit Clara oder mit seinen Eltern passieren würde.

Also zog er sein Notizbüchlein hervor, um ihnen ein paar Worte zu schreiben, die man vielleicht bei ihm finden würde. Er begann mit ein paar Worten an Clara; er sagte ihr, wie sehr er sie liebte, aber daß sie nicht allzu lange traurig sein sollte, denn er fand, daß er ein gutes Leben gehabt hatte und daß dies zum großen Teil ihr zu verdanken war.

Dann schrieb er noch ein paar Worte an seine Eltern, um ihnen zu sagen, daß die ganze Sache natürlich traurig war, aber daß er keine so große Angst hätte, und weil seine Eltern sehr fest an den lieben Gott glaubten, dachte er, diese Botschaft könnte ihnen helfen.

Er schob die Blätter unter sein Hemd, weil die Banditen sie auf diese Weise nicht sehen würden, man sie aber trotzdem finden könnte, wenn man ihn wegen der Autopsie auszog. (Hector hatte schon etliche Autopsien miterlebt und gesehen, daß man von innen einfach ein Haufen von Organen ist, die alle ganz weich sind und ziemlich empfindlich.) Natürlich bestand die Gefahr, daß ihn die Banditen vollkommen verschwinden ließen und niemand je seine Leiche finden würde, aber daran wollte er lieber nicht denken.

Und dann setzte er sich auf einen Bierkasten und wartete, mit der Glühbirne über ihm und dem Gestank nach toten Ratten um ihn herum. Er spürte, wie die Angst vor dem Tod ein bißchen zurückkehrte, und um sich abzulenken, begann er den anderen wieder zuzuhören.

Sie zankten sich immer noch, und im Grunde war es noch die gleiche Geschichte: Der Optimist sagte, daß Hector ihnen groß was einbringen konnte, der Pessimist dachte vor allem, daß Hector ihnen groß was an Ärger einbringen konnte, und der Realist, der Chef, fand, daß man sich Hector besser ein für allemal vom Halse schaffen sollte. Aber der Pessimist bemerkte dazu, daß der Chauffeur und der Leibwächter, die die Trottel hatten laufen lassen, den anderen erzählen könnten, daß man Hector entführt hatte, und weil er ein Weißer war, würde vielleicht die kleine Armee der Weißen mit den kurzen Hosen herauszukriegen versuchen, wer das angestellt hatte. Und von den Leuten, die richtige Polizeisperren mit falschen Polizisten machten, gab es in diesem Land nicht so sehr viele.

Als Hector das hörte, sagte er sich, daß er eine kleine Chance hatte.

Er zückte sein Notizbüchlein und begann an seinem Stift zu kauen, wobei er angestrengt nachdachte.

Und dann schrieb er ein paar Worte auf und schob den Zettel unter der Tür durch.

Er vernahm, wie die anderen zu reden aufhörten.

Nun fragen Sie sich vielleicht, was Hector da in sein Notizbüchlein geschrieben hatte. Eine Zauberformel, die bloß Psychiater kennen und die sie nur verwenden dürfen, wenn sie in Lebensgefahr sind?

Hector ist ein schlauer Fuchs

Hector hatte einfach geschrieben: »Das sind echte Sorgen. Wir sollten besser darüber reden.«

Und darauf öffnete sich die Tür, und einer der beiden Freunde des Anführers sagte in nicht gerade nettem Ton zu Hector, er solle herauskriechen. Dabei hielt er nicht mal einen Revolver in der Hand. Hector sagte sich, daß sie nun wenigstens begriffen hatten, daß er kein Idiot war und nicht versuchen würde, Jackie Chan zu spielen und die ganze Bande mit Fußtritten in alle Himmelsrichtungen zu erledigen.

Der Chef saß immer noch am Tisch; er hielt Hectors Zettel in der Hand und sagte: »Worüber sollen wir mit dir reden?«

Und da erklärte Hector, daß er als Besucher in diesem Land keine Scherereien wollte. Wenn sie ihn freiließen, würde er der Polizei nichts erzählen.

Der Chef lachte und sagte, deswegen hätte er gar nicht erst aus dem Schrank kriechen müssen.

Hector sagte, er würde der Polizei nichts erzählen, und zum Beweis, wie ernst er das meinte, würde er sogar Eduardo nichts erzählen.

Da machten sie alle große Augen, ein bißchen wie die beiden vorhin im Auto. Bloß der Chef nicht, der fragte in sehr ruhigem Ton: »Du kennst Eduardo?«

Hector sagte ja, er kenne ihn ziemlich gut, aber vor allem kenne er seine Frau, die eine schwere Depression habe. Denn, nun ja, er sei nämlich Psychiater.

Die anderen sagten fast gar nichts mehr, und dann guckte einer der Freunde des Chefs in Hectors Brieftasche, die er ihm weggenommen hatte, und schrie beinahe: »Stimmt, er ist ein Spychiater!«

»Halt die Schnauze, du Blödmann!« sagte der Chef.

Hector konnte gut sehen, daß der Chef angestrengt überlegte. Sagte Hector die Wahrheit, würde er der Polizei nichts erzählen, denn wenn jemand Eduardo und seine Frau kannte, dann bedeutete das, daß er sich einen Dreck darum scherte, der Polizei zu helfen. Aber falls Hector wirklich ein Kumpel von Eduardo war und ihm alles erzählte, was passiert war, würde Eduardo diese Geschichte vielleicht nicht gern hören, und das Leben würde ein bißchen gefährlicher werden für den Chef. Also könnte man Hector ebensogut gleich verschwinden lassen. Aber dann wiederum, wenn die Polizei und die kleine Armee der Weißen auf die Suche nach dem Chef und seiner Bande gingen, hätten sie auch kein leichtes Leben mehr, vor allem, weil sich Eduardo ebenfalls in die Angelegenheit einmischen könnte. Andererseits, wenn der Chef Hector freiließ, und der erzählte alles haarklein der Polizei, wäre das auch ärgerlich, aber weil Hector dann noch am Leben war, würde die Polizei finden, daß man sich wegen so was kein Bein auszureißen brauchte, ein bißchen, als wenn Sie in Hectors Land Anzeige erstatten wollten, weil Ihnen jemand das Autoradio geklaut hat.

Hector setzte seine Hoffnung darauf, daß Chefs normalerweise schlau sind und daß der Anführer der Banditen all das bedenken und zur richtigen Schlußfolgerung gelangen würde: Man sollte Hector freilassen.

Der Chef schaute Hector an und erblickte das Notizbüchlein, das aus der Tasche guckte. Er ließ es sich von einem seiner Leute bringen und öffnete es. Zufällig war er gleich auf die erste Seite geraten, und dort stand:

Lektion Nr. 1: Vergleiche anzustellen ist ein gutes Mittel, um sich sein Glück zu vermiesen.

Lektion Nr. 2: Glück kommt oft überraschend.

Lektion Nr. 3: Viele Leute sehen ihr Glück nur in der Zukunft.

Lektion Nr. 4: Viele Leute denken, daß Glück bedeutet, reicher oder mächtiger zu sein.

Lektion Nr. 5: Manchmal bedeutet Glück, etwas nicht zu begreifen.

Ying Li Ying Li YING LI Hector Ying Li Hector YING LI Hector YING LI Clara

Lektion Nr. 6: Glück, das ist eine gute Wanderung inmitten schöner unbekannter Berge.

Lektion Nr. 7: Es ist ein Irrtum zu glauben, Glück wäre das Ziel.

Lektion Nr. 8: Glück ist, mit den Menschen zusammen zu sein, die man liebt.

Lektion Nr. 8 b: Unglück ist, von den Menschen getrennt zu sein, die man liebt.

Lektion Nr. 9: Glück ist, wenn es der Familie an nichts mangelt.

Lektion Nr. 10: Glück ist, wenn man eine Beschäftigung hat, die man liebt.

Lektion Nr. 11: Glück ist, wenn man ein Haus und einen Garten hat.

Lektion Nr. 12: Glück ist schwieriger in einem Land, das von schlechten Leuten regiert wird.

Lektion Nr. 13: Glück ist, wenn man spürt, daß man den anderen nützlich ist.

Lektion Nr. 14: Glück ist, wenn man dafür geliebt wird, wie man eben ist.

Anmerkung: Zu einem lächelnden Kind ist man freundlicher (sehr wichtig).

Der Chef las die Liste bis zum Ende, dann schaute er Hector an und sagte: »O.k., laßt ihn laufen.«

Hector feiert

Hector saß schon wieder in einem Flugzeug, und Sie hätten es nicht erraten – er saß im teuersten Teil des Flugzeugs, wo man die Sitze richtig waagerecht runterlassen kann und einen kleinen Fernseher ganz für sich allein hat und Stewardessen, die lächeln und einem viel Champagner bringen.

Diesmal hatte er das alles selbst bezahlt, selbst wenn das nicht vernünftig gewesen war. Er wußte, daß er nach seiner Rückkehr eine Menge Telefonate mit der Dame haben würde, die bei der Bank sein Geld zählte, aber er hatte beschlossen, eine Weile all das zu tun, was ihm Spaß machte, denn er hatte gemerkt, daß das Leben sehr schnell zu Ende sein konnte. (Natürlich wußte er das schon lange, aber wie wir noch einmal wiederholen möchten, sind Wissen und Fühlen nicht dasselbe.)

Seit seinem Aufenthalt in dem kleinen Kabuff, in dem es nach toter Ratte roch, hatte Hector den Eindruck, daß das Leben wundervoll war.

Er wußte, daß dieser Eindruck nicht sehr lange vorhalten würde, denn er hatte schon Leute behandelt, die auch gerade so dem Tod entronnen waren (im Krieg zum Beispiel, in Lagern, wo fast alle umgekommen waren, und dann kannte er sogar einen Mann, dessen Schiff untergegangen war und der sehr lange darauf warten mußte, daß man ihn endlich fand und aus dem Meer fischte).

Diese Leute hatten ihm gesagt, daß auch sie in der ersten Zeit nach ihrer Rettung das Leben wundervoll gefunden hatten. Aber dann waren sie ziemlich schnell in die großen und kleinen Sorgen des Alltagslebens zurückgesunken (ganz zu schweigen von den schrecklichen Erinnerungen, die bei einigen noch nach Jahren wiederkamen). Und diese Leute, die den Tod schon gestreift hatten, regten sich heute wie alle Welt über ihren Steuerbescheid auf oder über den Nachbarn, der den Fernseher zu laut gestellt hatte.

Also wollte Hector von dem Eindruck, das Leben sei wundervoll, profitieren, so lange er anhielt.

Als er in jener Nacht, in der er beinahe gestorben wäre, in das Landhaus von Marie-Louise zurückgekehrt war, hatten die anderen ihm ein Fest ausgerichtet, alle hatten gelacht und gleichzeitig geweint, und Jean-Michel und Marcel waren auch gekommen.

Die Familie von Marie-Louise hatte nicht die Polizei gerufen, weil sie damit gerechnet hatten, daß die Banditen ein Lösegeld für Hector fordern würden. Die Polizei hätte die Dinge verkomplizieren können, und außerdem hätten manche Polizisten vielleicht auch gern etwas von dem Lösegeld bekommen, denn in diesem Land wurden sie nicht sehr gut bezahlt. Weil die Banditen Hector mit dem Auto hatten zurückfahren lassen (alles, um Eduardo nicht zu verärgern, man wußte ja nie), gab es nicht einmal einen Diebstahl zu melden. Es war, als hätte es die ganze Geschichte überhaupt nicht gegeben, und man brauchte davon weder der Polizei etwas zu erzählen noch der Armee mit den Leuten in Shorts, noch sonst jemandem.

Und mitten in der Nacht begann ein großes Fest.

Hector ging trotzdem in die Küche und sah nach dem

Chauffeur und dem Leibwächter, die von Marie-Louise und Nestor tüchtig ausgeschimpft worden waren. Sie versuchten zu erklären, das sei alles nicht ihre Schuld gewesen, weil die Banditen derart schnell weggefahren waren (und sie selbst wahrscheinlich derartig Angst gehabt hatten). Hector sagte ihnen, sie sollten sich deswegen keine grauen Haare wachsen lassen, und er würde mit Marie-Louise und Nestor reden, damit sie nicht mehr schimpften.

Hector war so glücklich, sich am Leben zu fühlen, daß er wollte, daß jedermann froh und zufrieden war. Und siehe da, es traf sich gut, denn tatsächlich waren alle froh und zufrieden.

Es war schon sehr spät, aber niemand mochte schlafen gehen, und sogar die Leute aus den Nachbarhäusern waren aufgewacht und zum Feiern gekommen. Man spielte Musik, alle tanzten, und alle tanzten sehr, sehr gut, selbst die Damen und Herren, die schon so alt waren wie Hectors Eltern. Sogar Hector tanzte, obwohl er es nicht gut konnte. Aber wenn Sie sehr glücklich sind, hat es für Sie keine Bedeutung mehr, ob Sie sich vielleicht ungeschickt fühlen, und wenn Sie der Held des Abends sind, werden Ihre Tanzpartnerinnen es Ihnen verzeihen, besonders die hübsche Cousine von Marie-Louise, mit der Hector eine ganze Menge tanzte und die ihn immer noch so anlächelte wie vorhin beim Abendessen. Es gab auch viel zu trinken, alle Arten von Cocktails mit Rum und auch vorzügliches Bier, das gleiche, wie es in dem Kasten steckte, auf dem Hector im Wandschrank gesessen und auf den Tod gewartet hatte.

Aber jetzt dachte Hector kaum noch an den Tod und erst recht nicht mehr, als ihn die Cousine in die erste

Etage mitnahm. Sie gingen in ein Zimmer, das anscheinend seit langem nicht mehr genutzt wurde; es gab dort alte Möbel und Familienfotos aus jener Zeit, als es diesem Land noch nicht so schlecht ging, und Hector kam sich so vor wie damals, als er ein kleiner Junge war und das Zimmer seiner Großeltern betrat. Aber dieser Eindruck hielt nicht lange an, denn die Cousine führte ihn ans Bett (Oder war es Hector, der sie dorthin führte? Schwer zu sagen ...), und dann machten sie das, was die verliebten Leute tun, und dazu stieg die Musik von unten zu ihnen hinauf.

Hinterher war Hector ein bißchen müde, aber die Cousine ganz und gar nicht, und sie gingen wieder hinunter zu den anderen, die immer noch tanzten. Hector war ein wenig verlegen, aber er begriff bald, daß die Leute entweder nichts mitbekommen hatten oder es völlig in Ordnung fanden, daß er mit der Cousine hinaufgegangen war.

Später stellte sich Hector zu Nestor, der sich gerade ein Bier aufmachte, und Nestor zwinkerte ihm zu. Weil die Musik so laut war, beugte er sich zu Hector hin und schrie ihm ins Ohr: »Na, wie läuft die Untersuchung übers Glück?«

»Nicht schlecht, nicht schlecht«, entgegnete Hector und fühlte sich dabei ein bißchen unbehaglich.

Nestor lachte und rief ihm ins Ohr: »Hier gibt es allerhand Gründe, unglücklich zu sein, selbst für uns, die wir doch eigentlich Glück haben. Wenn es also mal eine Gelegenheit zum Glücklichsein gibt, dann lassen wir sie nicht verstreichen! Wir pfeifen auf den nächsten Tag; wir wissen doch nie, was der uns bringen wird!«

Und die hübsche Cousine, die gerade mit Jean-Michel

tanzte (denn selbst wenn Jean-Michel sich nicht wirklich für Frauen interessierte, hatte er schon immer wie ein junger Gott getanzt), lächelte Hector in diesem Moment strahlend an, und das machte ihm die Sache noch besser klar als die Erklärungen von Nestor.

Im Flugzeug holte Hector sein Notizbüchlein hervor.

Lektion Nr. 15: Glück ist, wenn man sich rundum lebendig fühlt.

Das war nicht übel, aber gleichzeitig erklärte es die Sache nicht sehr gut. Er kaute an seinem Bleistift herum, und dann schrieb er:

Lektion Nr. 16: Glück ist, wenn man richtig feiert.

Er dachte an Édouard, der so gerne feierte, an jenem ersten Abend in China zum Beispiel. Und an wen Hector dann dachte, das müssen wir Ihnen nicht groß sagen.

Hector gewinnt an Höhe

Hector trank noch mehr von dem Champagner, den die freundlichen Stewardessen ihm brachten, und er fühlte sich sehr glücklich. Das hielt ihn aber nicht davon ab, über das Glück nachzudenken, denn er war eben gewissenhaft.

Zunächst einmal: Weshalb machte es fast jeden glücklich, wenn er Champagner trank (oder ein sehr gutes Bier oder die exzellenten Weine, wie sie Édouard so liebte)? In allen Ländern tranken die Leute, wenn sie feiern wollten, solche Getränke für Erwachsene, und es klappte immer, es machte sie fröhlicher, und alle waren zur selben Zeit fröhlich.

Wenn sie jedoch zu viel tranken, verleitete sie das unglücklicherweise zu großen Dummheiten; manche fuhren dann sehr schlecht Auto und hatten Unfälle, manche begannen das zu machen, was die Leute machen, wenn sie verliebt sind, aber sie machten es mit egal wem und ohne aufzupassen. Und dann gab es Personen, die so oft tranken, daß es bei ihnen nicht mehr groß wirkte. So hörten sie gar nicht mehr mit dem Trinken auf und wurden davon krank und kränker. (Édouard war in China vielleicht nicht mehr weit entfernt davon, auf diesen schlechten Weg zu geraten.)

Da dachte Hector: Wenn Trinken glücklicher machte und gleichzeitig aufs Gehirn wirkte, dann mußte es im

Gehirn doch eine Stelle geben, die einer glücklich werden ließ und die besser funktionierte, wenn man getrunken hatte. Hector freute sich, denn das war eine gute Frage, die er dem großen Professor und Glücksspezialisten stellen konnte.

Und die Pillen, welche die Labore fabrizierten? Heutzutage konnten sie den Leuten bloß die Stimmung zurückgeben, die sie einmal hatten, bevor sie zu traurig oder zu ängstlich geworden waren. Aber wenn nun der Tag käme, an dem ein Labor die Pille fabriziert, die sie so glücklich macht, wie sie nie zuvor gewesen sind? Würde Hector sie seinen Patienten gern verschreiben? Da war er sich nicht so sicher.

Er zog sein Notizbüchlein hervor und schrieb:

Frage: Ist Glück vielleicht einfach eine chemische Reaktion im Gehirn?

Um sich für sein Nachdenken zu belohnen, machte Hector der Stewardeß ein kleines Zeichen, und sie kam lächelnd herbei und goß ihm noch ein Glas Champagner ein. Er fand sie sehr hübsch, aber er wußte auch, daß es vielleicht die Wirkung des Champagners war, und sowieso war sein Leben schon kompliziert genug mit Clara, Ying Li und der Cousine von Marie-Louise, die ihm gesagt hatte, daß sie von Zeit zu Zeit in seinem Land Urlaub machen wollte.

Er fragte sich, weshalb er in sie nicht so verliebt war wie in Ying Li, aber wenn Sie gründlich gelesen haben, können Sie die Antwort gewiß schon erraten: Mit der Cousine (deren Vornamen wir Ihnen nicht verraten, falls Sie ihr einmal in Hectors Stadt begegnen) hatte er nur die Fröhlichkeit geteilt. Mit Ying Li hatte er alles geteilt, Fröhlichkeit und Traurigkeit. Mit Clara natürlich auch, aber seit einiger Zeit teilten sie ein bißchen zu oft Genervtheit, Langeweile und Müdigkeit.

Über all das hätte er gern mit jemandem gesprochen, aber neben ihm saß niemand, denn er flog ja in einem Teil des Flugzeugs, der so teuer war, daß man dort fast keinen Menschen sah. Und selbst wenn er einen Sitznachbarn gehabt hätte, er hätte sich sehr zu ihm hinüberbeugen müssen, weil die Armstützen sehr breit waren. Das war interessant, denn es zeigte, daß Glück für die reichen Leute bedeutete, allein zu sein, im Flugzeug jedenfalls.

Für die armen Leute wie die kleinen Frauen auf ihren Wachstuchdecken bedeutete Glück dagegen, mit ihren Freunden und Freundinnen zusammen zu sein. Aber es stimmt schon: Im Flugzeug können Sie nie sicher sein, daß Ihr Nachbar ein Freund ist, und da trifft man besser ein paar Vorsichtsmaßnahmen.

In diesem Moment kam eine Stewardeß aus dem Untergeschoß des Flugzeugs, von dort, wo sich die billigeren Klassen befanden, und beredete etwas mit ihren Kolleginnen. Sie sahen alle ziemlich beunruhigt aus. Hector fragte sich, ob es vielleicht ein Problem mit dem Flugzeug gab, und er machte sich für eine neue kleine Meditation über den Tod bereit, die diesmal viel komfortabler ausfallen würde als im Wandschrank.

Eine der Stewardessen ging von Passagier zu Passagier und fragte, ob jemand ein Doktor sei. Hector saß in der Klemme: Als Psychiater ist man ein richtiger Doktor, aber weil man den Leuten so viel zuhören muß, kommt man ein bißchen aus der Übung, sich mit den richtigen Krankheiten zu beschäftigen. Vor allem fragte er sich, ob die Stewardeß vielleicht einen Doktor suchte, weil eine Dame im Flugzeug gerade ihr Baby bekam. Davor hatte er schon immer Angst gehabt, wenn er mit dem Zug oder dem Flugzeug reiste. Als Student war er nie in den Abteilungen gewesen, wo die Damen ihre Babys kriegen. Natürlich hatte er die entsprechenden Kapitel im Lehrbuch gelernt, aber sehr rasch, gerade in der Nacht vor dem Examen, und so hatte er manches vergessen, und dann ist ein Lehrbuch natürlich nicht dasselbe wie die Wirklichkeit. Und so saß er ein bißchen in der Tinte, aber er machte der Stewardeß trotzdem ein Zeichen.

Die Stewardeß schien sich darüber zu freuen, denn sie erzählte, daß sie in den anderen Teilen des Flugzeugs schon gefragt hatte und daß es dort keinen Doktor gab oder zumindest niemand Lust hatte, sich als Doktor zu erkennen zu geben. (Später sollte Hector begreifen, weshalb.)

Also verließ er sein kleines Paradies und folgte der Stewardeß in die *economy class*. Alle Leute schauten ihm aus ihren Sitzreihen hinterher, als er an ihnen vorbeiging, denn sie hatten mitbekommen, daß er der Doktor war, und das beunruhigte ihn ein wenig: Was sollte er tun, wenn sie jetzt alle auf die Idee kamen, von ihm behandelt werden zu wollen?

Die Stewardeß führte ihn zu einer Dame, die sich sehr schlecht zu fühlen schien.

Hector begann mit ihr zu reden, aber das war kompliziert, denn sie hatte schlimme Kopfschmerzen und sprach Hectors Sprache nicht. Und wenn sie Englisch sprach, hatte sie einen Akzent, der für Hector und die Stewardeß schwer zu verstehen war.

Sie hatte ein etwas aufgedunsenes Gesicht wie Leute, die zu oft trinken, sah aber nicht gerade aus wie jemand, der getrunken hatte. Schließlich holte sie einen Zettel aus ihrer Tasche und reichte ihn Hector. Es war ein Operationsprotokoll und für einen Doktor viel einfacher zu verstehen. Man hatte die Dame vor sechs Monaten operiert, weil ein kleines Stück von ihrem Gehirn so zu wachsen begonnen hatte, wie es sich nicht gehört, und man hatte ihr diesen bösen Auswuchs herausgenommen. Hector merkte jetzt auch, daß ihre Haare nicht ihre richtigen Haare waren, sondern eine Perücke. Weil Haare aber in sechs Monaten normalerweise nachwachsen, begriff Hector, daß man der Dame Medikamente gab, von denen das Gesicht anschwillt und die Haare ausfallen, und daß alles wirklich sehr schlimm gewesen sein mußte. Während er das Protokoll studierte, schaute die Dame ihm zu, als wollte sie aus seinem Gesicht herauslesen, was er von alledem hielt. Aber Hector war darin geübt, immer beruhigend aufzutreten, und sagte zu ihr: »Machen Sie sich keine Sorgen, ich möchte Ihnen nur ein paar Fragen stellen.«

Und er sprach zu ihr wie ein Doktor, um herauszukriegen, wie lange die Kopfschmerzen schon dauerten, ob der Schmerz so pochte wie ein Herz oder ob es sich eher wie Zahnschmerzen anfühlte und in welchem Teil des Kopfes es am meisten weh tat. Mit einem Lämpchen, das die Stewardeß ihm gebracht hatte, untersuchte er auch ihre Augen. Er bat die Dame, ihm mit links und mit rechts die Hand zu drücken, und noch andere Sachen, die man lernt, wenn man Doktor werden will. Und die Dame sah gleich weniger beunruhigt aus als bei seiner Ankunft.

Als Hector all diese Fragen stellte und seine kleinen Übungen machte, lenkte ihn das ein bißchen ab, und er mußte nicht immerzu daran denken, daß die Dame vielleicht sterben würde, aber als er fertig war, mußte er doch wieder daran denken.

In diesem Moment reichte ihm die Stewardeß den Paß der Dame, und auf dem Foto, das noch kein Jahr alt war, erblickte er eine schöne junge Frau mit denselben Augen wie die der Frau, die vor ihm saß, und er begriff, daß die Krankheit ihr auch die Schönheit geraubt hatte.

Er erinnerte sich an Lektion Nr. 14: *Glück ist, wenn man dafür geliebt wird, wie man eben ist.*

Also lächelte er sie an, denn auch das mußte ihr sehr fehlen – das Lächeln der Männer.

Hector lernt ein bißchen Geschichte und Geographie

Sie hieß Djamila, was auch ausgerechnet »die Schöne« bedeutete, und kam aus einem Land, das ebenfalls sehr schön war und in das die Leute, die ein wenig älter waren als Hector, oft in den Urlaub gefahren waren, in ihren jungen Jahren jedenfalls, denn man konnte dort inmitten herrlicher Berge bestimmte Kräuter rauchen. Die jungen Frauen brachten von dort sehr schöne Stoffe mit, aus denen sie Kleider oder Vorhänge machen ließen. (Es war eine Zeit, in der sich die Kleider und die Vorhänge sehr ähnelten.)

Seither war dieses Land immer im Krieg gewesen, zuerst, weil ein großes Nachbarland, welches das Paradies auf Erden schaffen wollte, es überfallen hatte; aber die Bewohner des sehr schönen Landes waren mit dieser Version vom Paradies nicht einverstanden gewesen. Sie hatten den Soldaten des großen Nachbarlandes jahrelang einen Krieg geliefert, und das war für das große Land wie ein bösartiger Abszeß gewesen, und es war davon sehr krank geworden. Danach waren die Dinge für alle immer schlimmer geworden, viele Mütter hatten sehr geweint, das große Land war so schwach geworden wie ein kleines Land, und Djamilas Land hatte gar nicht mehr aufgehört, im Krieg zu sein, denn auch bei ihnen gab es Leute, die das Paradies auf Erden herstellen wollten. (Passen Sie gut auf, wenn die Leute Ihnen verkünden, sie wollten das Paradies auf Erden schaffen – was sie bringen, wird fast immer die Hölle sein.) Das schöne Land war ärmer geworden als zu Hectors Jugendzeiten. Jetzt lief es etwas besser; eine große Armee mit Soldaten aus allen Ländern der Welt war gekommen, um Ordnung zu schaffen (aber hier trugen sie keine Shorts, denn es war kalt), und die Leute hatten wieder ein bißchen Hoffnung geschöpft.

Außer Djamila, die gewiß nicht viel Hoffnung hatte und die versuchte, einen Grund für neue Hoffnung zu finden, indem sie Hectors Gesicht ausforschte, während er ihr Operationsprotokoll las, welches ein anderer Doktor geschrieben hatte, ein Protokoll, das nicht sehr gut aussah, wie Sie sicher bereits erraten haben.

Hector sagte ihr, er werde sich bis zum Ende des Fluges um sie kümmern.

Er setzte sein Doktorengesicht auf und sagte zur Stewardeß, daß Djamila Platz brauchte, um sich auszustrekken, denn das würde ihr Kopfweh ein bißchen lindern, und daß es nötig sei, sie an Hectors Nachbarplatz zu bringen, damit er ihren Zustand beobachten könne. Die Stewardeß rief einen sehr freundlichen Steward herbei. Zu dritt halfen sie Djamila, aufzustehen und bis in den anderen Teil des Flugzeugs zu gehen. Wenn sie stand, war Djamila groß, aber sie war auch sehr leicht.

Als sie neben Hector Platz genommen hatte in dem sehr bequemen Sessel, der sich so weit herunterfahren ließ, bis er fast ein Bett war, lächelte sie zum ersten Mal, und Hector erkannte die Djamila wieder, die er auf dem Foto im Reisepaß gesehen hatte. Er fragte sie, ob sie immer noch Kopfschmerzen habe, und sie sagte, daß es weiterhin weh tat, aber daß es ihr trotzdem ein Vergnügen

war, hier zu sitzen, und daß Hector wirklich sehr freundlich war.

Sie unterhielten sich weiter miteinander. Hector
dachte, das könne ihr helfen, ihr Kopfweh zu vergessen,
und während er mit ihr sprach, beobachtete er ihre Pupillen, so, wie es die Doktoren machen.

Alle beide waren unterwegs in das große Land, in dem
es die meisten Psychiater der Welt gab. Wir sagen immer
»die meisten Psychiater der Welt«, aber ebensogut könnten wir sagen, die meisten Swimmingpools der Welt, die
meisten Nobelpreisträger, die meisten strategischen
Bomber, die meisten Computer, die meisten Naturparks,
die meisten Bibliotheken, die meisten Serienmörder, die
meisten Zeitungen, die meisten Waschbären und die meisten Exemplare von noch einer Menge anderer Sachen,
denn es war einfach das Meist-Land, und das seit langer
Zeit. Wahrscheinlich kam das daher, daß dieses Land von
Leuten bevölkert war, die ihr eigenes Land verlassen hatten, weil sie mehr wollten, vor allem mehr Freiheit.

Djamila wollte ihre Schwester wiedersehen, die dort
verheiratet war. Sie wollte mit ihr einige Zeit verbringen,
um sich zu erholen.

Hector erklärte, daß er dorthin flog, um einen Professor zu treffen, der ein großer Spezialist in Sachen Glück
war. Er bereute aber sofort, das ausgesprochen zu haben,
denn Glück war vielleicht nicht gerade ein gutes Thema,
wenn man sich mit Djamila unterhielt.

Aber sie lächelte ihm zu und erklärte, daß Glück für sie
bedeutete, zu wissen, daß ihr Land eine bessere Zukunft
haben würde, daß ihre kleinen Brüder, wenn sie groß waren, sich nicht im Krieg erschießen lassen mußten und
daß ihre Schwester einen netten Ehemann hatte und Kin-

der, die in die Schule gehen konnten und in die Ferien fahren und einmal Doktor oder Anwalt werden oder Revierförster, Maler oder was immer sie wollten.

Hector bemerkte, daß sie nicht von ihrem eigenen Glück sprach, sondern von dem der anderen, der Leute, die sie liebte.

Und dann sagte Djamila, der Kopf tue ihr wieder ein bißchen mehr weh. Hector rief die Stewardeß und sagte ihr, er wolle gern mit dem Flugkapitän reden. (So etwas können Sie nur machen, wenn Sie Doktor sind.) Einen Augenblick darauf erschien der Pilot in seiner schönen Uniform und mit einem ebenso schönen Schnauzer. (Keine Bange, es gab noch einen anderen, der im Cockpit blieb, um das Flugzeug zu steuern.) Hector erklärte ihm die Angelegenheit, und der Flugkapitän fragte, ob es von Nutzen sein könnte, wenn er niedriger flöge.

Hector meinte, das könne man auf jeden Fall versuchen. Denn Piloten und Doktoren wissen: Wenn Sie in Ihrem Körper etwas haben, das sehr drückt, wird es um so stärker drücken, je höher Sie sind, zum Beispiel auf einer Bergspitze oder in einem Flugzeug, eben weil die Luft um Sie herum weniger stark drückt. Also eilte der Kapitän davon, um das Flugzeug niedriger fliegen zu lassen.

Djamila sagte zu Hector, sie bereite aber wirklich zu viele Umstände, und er antwortete, das sei gar nicht so, und es mache ihm Spaß, mit dem Piloten zu reden und das Flugzeug niedriger fliegen zu lassen, und das nächste Mal würde er ihn sogar um einen Looping bitten, wenn Djamilas Kopfschmerzen davon nachließen. Darüber mußte sie lachen, und Hector erkannte wieder die Djamila vom Paßfoto.

Später bat er die Stewardeß um Champagner, denn der konnte Djamila nicht weiter schaden.

Sie stießen auf ihr Wohl an, und Djamila sagte, daß sie zum ersten Mal Champagner trank, denn in ihrem Land war das lange verboten gewesen, und man fand dort nichts als schlechten Wodka, den die besiegten Soldaten zurückgelassen hatten. Sie kostete den Champagner und fand ihn wunderbar, und Hector sagte, da seien sie ganz einer Meinung.

Hector erinnerte sich an die letzte Lehre, *Glück ist, wenn man richtig feiert,* und er wollte, daß Djamila davon profitierte.

Sie unterhielten sich noch ein bißchen, Djamila hatte kein Kopfweh mehr, und dann schlief sie ruhig ein.

Hector machte sich an der Seite der schlafenden Djamila seine Gedanken. Er hatte in seinem Wandschrank eine kleine Weile an den Tod gedacht, aber bei Djamila war es, als ob sie seit Monaten in diesem Wandschrank steckte. Und trotzdem lächelte sie noch.

Sie hatte ihm gesagt, sie sei zufrieden, daß ihr Land und ihre Familie jetzt bessere Chancen hatten, glücklich zu werden.

Er nahm sein kleines Notizbüchlein und schrieb:

Lektion Nr. 17: Glück ist, wenn man an das Glück der Leute denkt, die man liebt.

Hector träumt

Der Pilot mit dem schönen Schnauzer brachte das Flugzeug ohne jedes Geschüttel zur Landung, und alle Leute applaudierten, vielleicht auch, weil sie vorher ein bißchen beunruhigt gewesen waren, als das Flugzeug nicht mehr so hoch flog. So machte eine schöne Landung sie glücklicher als gewöhnlich.

Schon wieder so eine Geschichte mit den Vergleichen, sagte sich Hector.

Während die Passagiere das Flugzeug verließen und noch einmal verstohlen zu Hector und Djamila hinüberschauten, warteten die beiden mit der Stewardeß auf die Ärzte, welche der Pilot über Funk gerufen hatte. Djamila war wieder aufgewacht, und ihre Pupillen sahen zum Glück immer noch gleich aus, und sie konnte Hectors Hände mit ihren beiden Händen gleich stark drücken, wenn natürlich auch nicht sehr stark, denn sie war ja eine Frau, und noch dazu war sie sehr erschöpft.

Zwei große dicke Herren in weißen Kitteln kamen mit einem Rollstuhl, um Djamila abzuholen, und Hector wollte ihnen erklären, an welcher Krankheit sie litt. Aber sie hörten gar nicht hin, sondern fragten Djamila zuallererst, ob sie eine Krankenversicherung habe. Bevor sie Djamila behandelten, wollten sie wissen, ob sie bezahlen konnte! Und dann waren sie auch keine Ärzte, denn in diesem Land fahren die Ärzte nicht so viel umher, sondern warten lieber, daß man ihnen die Kranken bringt. Hector regte sich ein bißchen auf, aber Djamila sagte ihm, das sei nicht nötig, ihre Schwester habe alle erforderlichen Versicherungen abgeschlossen, und sowieso werde sie schon in der Empfangshalle erwartet, und ihr Schwiegervater sei Arzt. Also werde man sich gut um sie kümmern, und Hector könne beruhigt gehen.

Und so tauschten sie noch ihre Telefonnummern aus, damit einer vom anderen Neues erfahren konnte, und Hector ging los. Er drehte sich noch ein letztes Mal um und sah, wie Djamila zwischen den beiden Pflegern sehr aufrecht in ihrem Rollstuhl saß und wie sie ihm zulächelte und mit der Hand ein letztes kleines Zeichen machte.

Hector war in einer sehr großen Stadt am Meer angekommen, in einer Gegend, wo immerzu schönes Wetter ist und in den Gärten sogar Palmen wachsen. Die Stadt war so groß wie manche Länder. Sie wurde kreuz und quer von Autobahnen durchzogen, die man aus der Luft sehr gut erkennen konnte. Als Hector aus dem kleinen runden Fenster geguckt hatte, war es ihm ein bißchen so vorgekommen, als hätte jemand Spaghetti über den sehr komplizierten Teppich, der die Stadt war, geworfen, und dann hatte es überall, blau und funkelnd, kleine Edelsteine gegeben – die Swimmingpools. Denn Swimmingpools gab es hier viele, viele.

Hector berichtete Agnès von seiner Reise; sie war ihn abholen gekommen, und jetzt saß sie am Lenkrad eines schönen Autos und fuhr auf einer jener Autobahnen, die er aus der Luft gesehen hatte. Der Himmel war ganz blau, und die Luft flimmerte wegen der Hitze, aber im Auto war es kühl, denn Agnès hatte die Klimaanlage bis zum Anschlag aufgedreht, und es schien ihr nichts auszumachen. Hector erinnerte sich aber, daß sie für ein Mädchen noch nie sehr verfroren gewesen war ...

Agnès war eine gute Freundin von Hector gewesen, aber eines Tages hatten sie sich getrennt. Eigentlich war es Hector, der Agnès verlassen hatte, denn er war damals sehr jung und wußte noch nicht, woran man ein richtig gutes Mädchen erkennt, weil er noch keine anderen zum Vergleich gehabt hatte. Also hatte er Agnès verlassen, um Mädchen kennenzulernen, die viel weniger gut für ihn waren, aber das wußte er ja vorher nicht und merkte es erst viel später. Aber da war Agnès schon in das große Meist-Land gegangen und hatte einen Burschen von dort geheiratet und mit ihm sogar drei kleine Kinder bekommen. Aber Agnès und Hector waren Freunde geblieben, denn sie mochten sich sehr, selbst wenn sie nicht mehr machten, was die verliebten Leute miteinander tun.

Als Hector ihr die Geschichte mit Djamila erzählte, schreckte Agnès in die Höhe: »Du weißt gar nicht, was für ein verdammtes Risiko du auf dich genommen hast! Hier prozessieren die Leute ganz schnell gegen ihren Arzt, und ihre Anwälte verlangen dann riesige Entschädigungen. Und im Flugzeug war es genauso, als wenn du schon hier gewesen wärst. Außerdem wäre deine Versicherung nicht dafür aufgekommen. Ein Glück, daß alles gutgegangen ist!«

Hector erklärte, daß Djamila sowieso ein nettes Mädchen war und nicht so eine, die gegen den Doktor prozessiert, aber gleichzeitig begriff er jetzt, weshalb er in jenem Flugzeug der einzige Arzt gewesen war, den die Stewardessen hatten ausfindig machen können. Die übrigen hatten es so gemacht wie Schüler, die nicht an die Tafel gerufen werden wollen, und einfach woandershin geguckt.

Hector kannte ja auch Anwälte, und sie hatten ihm niemals angst gemacht, er fand sie höchstens ein bißchen ermüdend, wenn sie bei irgendwelchen Einladungen zu viel redeten. Aber Agnès erklärte, daß sie hierzulande wirklich furchterregend waren und ebenso viel Geld verdienten wie Édouard. (Agnès kannte Édouard ebenfalls, denn er war in jungen Jahren ein bißchen verliebt gewesen in sie, aber Agnès hatte sich damals in Hector verliebt – mit der Liebe ist es ja immer kompliziert!)

Das Haus von Agnès war sehr hübsch, es gab dort einen schönen Rasen, Palmen und einen nierenförmigen Swimmingpool. Der Mann von Agnès war auch nicht übel, ein bißchen so, als hätte Hector einen Bruder gehabt, der immer Klassenbester in Sport war. Er hieß Alan und war sehr nett zu Hector, außer daß er ihn jeden Abend fragte, ob er am nächsten Morgen mit joggen komme, denn Alan begann alle seine Tage mit einem Fünfkilometerlauf. Weil er den aber um halb sieben Uhr morgens machte, hatte Hector keine besondere Lust mitzulaufen, er wollte lieber noch ein bißchen weiterträumen, denn für einen Psychiater sind Träume etwas sehr Wichtiges.

Während Alan joggte und Agnès den Kindern Frühstück machte, ehe sie mit ihnen zur Schule fuhr, träumte Hector von Ying Li, aber manchmal mischte er alles ineinander: Statt Djamila saß Ying Li im Flugzeug und hatte Kopfschmerzen, und er versuchte sie zu retten, indem er ihr sehr fest die Hände drückte. Später war es Hector, der im Rollstuhl saß, und Clara schob ihn den

Mittelgang entlang. Und der Pilot, der nach ihm sehen kam, war der alte chinesische Mönch, immer noch wie ein Mönch gekleidet, aber mit einer Pilotenmütze auf dem Kopf, und er lachte auch immer noch, wenn er Hector anschaute, denn jetzt war Hector wieder zurück auf seinem Sitzplatz, aber er saß ganz nackt da und wagte nicht aufzustehen, weil er Angst hatte, die anderen Passagiere und die Stewardessen könnten es mitbekommen. Um ihn zu beruhigen, legte Hectors Sitznachbarin ihre Hand auf seinen Arm, und es war Ying Li, aber auch Clara und die Cousine von Marie-Louise und Djamila, alle in einer einzigen Frau, die ihn liebte und ihm zulächelte, und das war das Glück, aber da wachte er auf.

Er nahm sein kleines Notizbuch und trug darin ein:

Lektion Nr. 18: Glück wäre, wenn man mehrere Frauen gleichzeitig lieben könnte.

Das Problem war natürlich, daß die Frauen damit nicht einverstanden waren.

Er strich den Satz wieder durch und machte lauter Krikelkrakel darüber, denn er hatte ein bißchen Angst, daß Clara eines Tages sein Büchlein finden und das Durchgestrichene entziffern könnte.

Hector geht an den Strand und rechnet

Das Haus von Alan und Agnès lag ganz nahe beim Meer in einem der schönsten Teile dieser Stadt, die so groß war wie ein kleines Land. Und so ging Hector am Morgen die Straße hinab, die von Bäumen gesäumt war und von schönen Holzhäusern, die teilweise schon recht alt waren (für diese Stadt heißt »alt« etwa so alt wie eine alte Dame). Dann nahm er eine kleine, in den Fels gehauene Treppe, unterquerte die dröhnende Straße, und schon fand er sich an einem riesigen Strand mit weißem Sand wieder. Er ging weiter bis zum Ufer und badete seine Füße im Meer, das recht kalt war. Als er so im Wasser stand, schaute er zum reinblauen Horizont und sagte sich, daß dieses Meer bis nach China reichte. Und die kleine Welle, die ihm die Knöchel benetzte, kam vielleicht geradewegs aus der Stadt, wo er Ying Li kennengelernt hatte.

Bizarr war, daß an diesem wundervollen Strand nicht besonders viele Leute waren und erst recht nicht solche wie Hector, Agnès oder Alan. Es gab hier vor allem arme Leute mit etwas dunklerer Haut und einer Menge Kindern oder aber Schwarze, die größtenteils recht jung waren. Hector begriff, daß die reichen Leute in diesem Land entweder keine Zeit hatten, an den Strand zu gehen, weil sie so viel arbeiteten wie Alan und Agnès, oder daß sie das schöne saubere Wasser ihrer Schwimmbecken oder

Whirlpools vorzogen oder aber dass sie keine große Lust hatten, sich unter die Armen zu mischen, aber das war natürlich in allen Ländern so.

Im übrigen gab es noch andere Strände, weiter im Norden der Stadt, wo die reichen Leute und sogar die Kinostars ihre Häuser hatten. Aber dort hatte man, wenn man nicht aus jenem Viertel kam, nicht das Recht, den Strand zu betreten, denn in diesem Land können Sie sogar einen Strand kaufen, sobald Sie das nötige Kleingeld haben.

Und so hatten die Armen diesen großen Strand ganz für sich, ohne dafür bezahlen zu müssen, und sie vergnügten sich prächtig, indem sie Volleyball spielten, Bier tranken oder den Mädchen nachschauten, und dabei wirkten sie ziemlich glücklich, denn an diesem Strand konnten sie vergessen, daß es Leute gab, die reicher waren als sie und schöne Autos, schöne Häuser und superteure Anwälte hatten.

Hector setzte seine Sonnenbrille auf und schrieb:

Lektion Nr. 19: Sonne und Meer sind ein Glück für alle Menschen.

Und er sagte sich, falls er eines Tages mal richtig arm sein sollte, würde er in einer sonnigen Stadt am Ufer des Meeres Zuflucht suchen, und zwar in einem armen Land, um sich dort weniger arm zu fühlen. (Denken Sie an Lektion Nr. 1: *Vergleiche anzustellen ist ein gutes Mittel, sich sein Glück zu vermiesen.*)

Er schaute auf seine Liste und fühlte, daß er allmählich ans Ende gelangte. Brachte ihn ein neues Reiseabenteuer zum Nachdenken übers Glück, merkte er jetzt immer häufiger, daß diese Geschichte zu einer Lektion paßte, die er schon aufgeschrieben hatte. Das bedeutete, daß er fast alle Lehren gefunden hatte, die es gab, oder daß er sich im Kreise drehte und es an der Zeit war, die Liste jemandem zu zeigen. (Ganz durchgelesen hatte sie ja bisher nur der Banditenchef, und der hatte Hector nicht gesagt, was er davon hielt.)

Am Abend speiste Hector mit Alan, Agnès und den Kindern. Er war zufrieden, in einer richtigen Familie mit einem Vater und einer Mutter und zwei kleinen Jungen und einem kleinen Mädchen zu Gast zu sein, denn das schien ihm eine gute Grundlage dafür, das Glück zu finden. Das Problem war bloß, daß die Kinder nicht lange am Tisch sitzenblieben; sie liefen zum Spielen in den Garten, kamen zurück, um sich ein Stück Kuchen zu holen, oder stiegen die Treppe hoch in ihr Zimmer, um fernzusehen oder an ihrem Computer zu spielen.

Das regte Agnès auf, denn sie wollte, daß die Kinder länger bei Tisch blieben, aber Alan schien das ein bißchen schnurz zu sein, und er erzählte Hector von seiner Arbeit. Alan war nicht bloß gut in Sport, er war auch ganz stark in Rechnen, und er rechnete höchst komplizierte Dinge aus. Im Prinzip berechnete er Berechnungen von wieder anderen Berechnungen, und hinterher bedienten sich Leute, die nicht so gut in Rechnen waren, seiner Berechnungen, um damit Computer laufen zu lassen oder den genetischen Code zu entschlüsseln. Weil das Rechnen Alan viel Spaß machte, tüftelte er zur Erholung amüsante Rechenprobleme für eine große Zeitung aus, solche Aufgaben, bei denen man einfach nicht die richtige Lösung findet und sich hinterher wie ein Vollidiot vorkommt.

»Du könntest den Kindern mal sagen, daß sie am Tisch sitzenbleiben sollen!« meinte Agnès.

»Dazu haben sie keine Lust«, entgegnete Alan.

»Klar, daß sie keine Lust dazu haben, wenn sie spüren, daß du einverstanden bist.«

»Ich bin nicht ausdrücklich einverstanden, aber ich möchte bei meinem Abendessen nicht irgendwelche Kämpfe mit meinen Kindern ausfechten.«

»*Mein* Abendessen, schau an! Ich würde mir wünschen, daß es *unser* Abendessen ist, das Abendessen für die ganze Familie.«

»Sie sind eben Kinder, sie langweilen sich am Tisch. Ich war früher genauso.«

»Deine Mutter hat ganz was anderes erzählt. Sie hat mit ihren Kindern noch richtig schön gemeinsam gegessen.«

»O ja, und daran erinnere ich mich sehr ungern. Jeden Abend mußten wir uns ihr Gejammer anhören!«

Agnès schien von dieser Bemerkung betroffen zu sein: »Soll ich mich da angesprochen fühlen? Langweile ich dich mit meinem Gejammer?«

»Nein, aber es ist wahr, daß wir solche Gespräche ein bißchen zu oft führen.«

»Ach ja? Wir würden sie nicht so oft führen, wenn du gegenüber deinen Kindern ein bißchen mehr Autorität zeigen würdest!«

»Sie machen ja keine Dummheiten, sie amüsieren sich gut.«

»Sie gucken sich idiotische Serien an, statt sich mit ihren Eltern auszutauschen!«

»Dafür gibt es andere Gelegenheiten als das Abendessen.«

»Welche denn? Du arbeitest den ganzen Tag lang – ich bin doch die, die am meisten Zeit mit ihnen verbringt!«

»Ist doch schön, dann tauschen sie sich eben mit dir aus.«

»Eltern, das sind ein Vater und eine Mutter, falls du das noch nicht bemerkt haben solltest!«

»Nicht immer; mein Vater ist zum Beispiel abgehauen, als ich noch klein war.«

»Und das Resultat sehen wir ja: Du hattest kein Modell dafür, wie man sich mit seinen Kindern beschäftigt!«

»Nein, aber ich hatte ein Modell dafür, wie ein Kerl am Ende durchbrennt, weil er es nicht mehr ertragen kann, wie seine Frau sich beklagt, beklagt und nochmals beklagt!«

Hector fühlte sich sehr unbehaglich; die Szene erinnerte ihn daran, wie sich in seinem Sprechzimmer ein Herr und eine Dame vor seinen Augen zankten, aber hier war es trotzdem anders, weil es seine Freunde waren und sich das ganze außerdem in ihrer schönen Küche abspielte.

Plötzlich merkten Alan und Agnès, daß sich Hector unbehaglich fühlte, und sie sagten »Entschuldige bitte!«, und jedermann versuchte, wieder ein normales Gespräch zu beginnen. Hector erzählte ihnen, welches das Ziel seiner Reise war und welche Lehren er bereits entdeckt hatte.

Das brachte Alan zum Nachdenken: Er meinte, daß man es vielleicht schaffen könnte, das Glück auszurechnen.

»Das Glück ausrechnen?« fragten Agnès und Hector.

»Ja, wenn das Glück von verschiedenen Faktoren abhängt, zum Beispiel Gesundheit, Freunde oder eine Arbeit, die einem gefällt, dann könnte man alle diese Elemente in einer Formel zusammentun. Jeder Begriff bekäme einen bestimmten Koeffizienten, und am Ende hätte man ein Resultat, den persönlichen Glückspegel ... Oder den Glücksquotienten, ja, so nennen wir ihn, den GQ!«

Hector holte sein Notizbüchlein hervor und zeigte es Alan und Agnès. (Er war sehr erleichtert, daß er Lektion Nr. 18 überkritzelt hatte, denn sie hätte auch Agnès garantiert nicht gefallen.) Sie überlegten alle drei und versuchten, die Schlüsselwörter für jede Lektion zu finden.

Bei manchen war es einfach. Lektion Nr. 8 zum Beispiel: *Glück ist, mit den Menschen zusammen zu sein, die man liebt.* Da konnte man schreiben »Liebe / Freundschaft«, und bei 8b konnte stehen »Einsamkeit / Isolation«, und das bekam einen negativen Koeffizienten (wenn Sie nicht wissen, was ein negativer Koeffizient ist, brauchen Sie sich nicht zu beunruhigen; Alan weiß das ja alles). Für Lektion Nr. 4, *Viele Leute denken, daß Glück bedeutet, reicher oder mächtiger zu sein,* konnte man schreiben »sozialer Status« oder »Geld«.

Aber versuchen Sie mal, das treffende Wort für solche Lektionen wie Nr. 5 zu finden (*Manchmal bedeutet Glück, etwas nicht zu begreifen*) oder für Nr. 7 (*Es ist ein Irrtum zu glauben, Glück wäre das Ziel*). Sie werden sehen, das ist wie die Rechenprobleme, die sich Alan für die Zeitung ausdachte, man findet einfach nicht die richtige Lösung.

Schließlich hatten sie eine Liste zusammenbekommen:

Geliebt werden
Geld
Sich nützlich fühlen
Freundschaft
Gesundheit

Sozialer Status
Arbeit, die man liebt
Feste feiern
Glück der Menschen, die man liebt
Innere Heiterkeit

Am Ende fanden sie keine weiteren Wörter. Und da schaute Alan seine Frau an und ergänzte noch: »Verheiratet sein.« Und Agnès wurden die Augen ein bißchen feucht.

Hector holt Auskünfte übers Familienleben ein

Am nächsten Tag schaffte es Hector, so früh aufzuwachen, daß ihn Agnès mit zur Arbeit nehmen konnte. Diesmal fuhren sie nicht auf der Autobahn, weil die um diese Uhrzeit verstopft war. So konnte Hector besser sehen, womit diese Stadt Ähnlichkeit hatte, und sie hatte mit nichts Ähnlichkeit, was ihm je vor Augen gekommen war. Es gab Boulevards mit schönen, ganz weißen Häusern im spanischen Stil oder mit Häusern im englischen Stil mit Ziegelsteinen und kleinen Fliesen oder im Stil alter Seebäder ganz aus Teakholz oder im Tiroler Bauernhausstil oder im modernen Stil ganz aus Glas und noch eine Menge andere, als hätten die Architekten zu ihrer Belustigung mal alle Stile durchprobiert. Und dann gab es andere Gegenden mit Supermärkten, Werkstätten, Parkplätzen und Tankstellen wie in den Vorstädten einer Metropole, und dann Viertel mit modernen Hochhäusern, wo viele Leute trotz des blauen Himmels und der Hitze im Anzug herumliefen, und dann, mitten in der Stadt, Zonen mit Fördertürmen für Erdöl und Brachflächen und schwarzen Jungen, die Basketball spielten.

Im Auto fragte Hector Agnès natürlich, ob sie glücklich sei.

»Weil ich wußte, daß du mir diese Frage stellen würdest, habe ich seit gestern abend darüber nachgedacht.

Ich glaube schon, daß ich glücklich bin. Ich habe einen Beruf, den ich mag, einen Ehemann, den ich liebe, und glückliche Kinder. Ich wünsche mir eigentlich nichts weiter, als daß es noch lange so weitergeht. Die einzige Wolke über meinem Glück ist, daß ich mir manchmal sage, so gut kann es gar nicht ewig weitergehen, und eines Tages wird es weniger gut aussehen.«

»Du sagst: ›Ich glaube, daß ich glücklich bin.‹ Wie kommst du zu dieser Ansicht? Indem du dich mit den anderen vergleichst?«

»Nicht nur. Man weiß doch nie, wie die anderen ihr Glück oder ihr Unglück empfinden. Eigentlich vergleiche ich mich mit mir selbst! Ich denke an andere Phasen meines Lebens, und da scheint es mir, als wäre ich noch nie so glücklich gewesen wie jetzt.«

Die Idee, sich mit sich selbst zu vergleichen, fand Hector interessant. Vergleiche konnten einem natürlich das Glück vermasseln (Lektion Nr. 1), aber sie konnten einem auch dabei helfen, sich selbst für glücklich zu erklären. Hector dachte auch, daß sich Agnès heute also für glücklicher hielt als zu jener Zeit, als sie mit ihm zusammengewesen war. Einerseits verstand er schon weshalb, aber andererseits ärgerte es ihn doch ein bißchen, Männer sind eben so.

Weil er nachdachte und nichts sagte, redete Agnès weiter: »Natürlich gibt es nicht nur rosarote Tage. Unseren Streit wegen der Kinder hast du ja miterlebt. Aber ich nehme an, das ist das normale Leben eines Ehepaars mit Kindern.«

Hector fragte sie gleich, ob es einen glücklicher mache, wenn man Kinder hat. Agnès sagte, es verschaffe einem großartige Augenblicke voller Glück, aber auch recht viele Sorgen; man muß immerzu an sie denken, und dann ist auch über Jahre hinweg Schluß mit lange ausschlafen und allein diese Vorstellung erschreckte Hector mächtig.

Sie machte sich auch Sorgen wegen der Zukunft ihrer Kinder, denn in diesem Land wurden die Kinder gerade ein bißchen verrückt. Hector sagte, auch in seinem Land gebe es Kinder, die verrückt werden, aber weil das Land, in dem Agnès lebte, das Meist-Land war, waren die verrückten Kinder hier noch ein bißchen verrückter, und statt wie in Hectors Land tagtäglich ihre schwächeren Mitschüler, die Mädchen oder sogar die Lehrer zu verprügeln, schossen hier manche gleich mit Waffen für erwachsene Leute auf sie.

»Deshalb habe ich gestern abend auch so geschimpft. Ich will nicht, daß meine Kinder vom Fernsehen oder von Videospielen erzogen werden. Aber genau das passiert im Moment mit den Kindern aus den reichen Ländern, mit denen aus armen Ländern übrigens auch. Man interessiert sich sehr für die Luftverschmutzung, aber nicht für die geistige Verschmutzung der Kinder.«

Und Agnès redete immer weiter, denn für sie war das ein wichtiges Thema. Sie machte sogar eine Untersuchung darüber. Sie zeigte kleinen Kindern einen Film, in dem ein Herr auf eine Puppe einschlug. Und hinterher ließ sie dann die Kinder zusammen spielen und zählte, wie oft sie aufeinander einschlugen (zum Glück nicht so richtig schlimm, denn sie waren ja noch klein). Nun ja, und wenn sie den Film gesehen hatten, schlugen sie viel öfter aufeinander ein. Denn wie Agnès erklärte, lernen Kinder viel durch Nachahmung; so sind sie eben konstruiert, und deshalb wird aus Ihnen auch ein netterer

Mensch werden, wenn Sie einen netten Vater und eine nette Mutter haben.

Sie werden nun glauben, daß Agnès Psychiaterin war, aber nein, sie war Psychologin. Ein Psychologe ist jemand, der studiert hat, wie die Leute denken oder wie sie ein bißchen verrückt werden oder aber, wie die Kinder ihren Unterrichtsstoff lernen und warum manche das nicht schaffen, oder weshalb sie ihre Mitschüler schlagen. Im Unterschied zu den Psychiatern sind sie nicht berechtigt, Pillen zu verschreiben, aber sie dürfen Tests veranstalten, bei denen man die passende Figur in ein Kästchen eintragen muß oder Rechenaufgaben mit Dominosteinen löst oder auch sagt, woran ein bestimmter Tintenfleck einen erinnert. Und hinterher wissen die Psychologen ein bißchen, wie Ihr Geist funktioniert (aber man muß trotzdem sagen, daß sie nicht alles begreifen).

Hector fragte Agnès, ob sie glücklich sei, wenn sie an dieser Untersuchung über Kinder arbeite. Agnès meinte ja, denn dabei fühle sie sich den anderen nützlich (Lektion Nr. 13, dachte Hector).

Sie kamen bei der Universität an, in der Agnès arbeitete und Alan ebenso, dort hatten sich die beiden übrigens auch kennengelernt. Das Drollige war, daß Sie gesagt hätten, diese Universität sei im Mittelalter erbaut worden oder ein bißchen später: Es gab dort schöne Gebäude im historischen Stil mit kleinen Glockentürmen, Säulen und Statuen und dazwischen überall riesige Rasenflächen. In Wirklichkeit war die Universität nicht älter als eine alte Dame, aber die Leute von hier hatten damals eine ebenso schöne Universität haben wollen, wie es sie in Ländern wie dem von Hector gab. Also hatten sie eine Kopie gemacht und den neumittelalterlichen Stil erfunden. So etwas war wirklich typisch für das Meist-Land!

Hier liefen eine Menge Studenten aller Hautfarben auf dem Rasen herum, und es gab auch gewisse niedliche Chinesinnen in Shorts, die Hector an Sie-wissen-schon-wen denken ließen, aber er versuchte sich trotzdem zu konzentrieren, denn er war hierhergekommen, um zu arbeiten.

Denn hier lehrte auch der große Professor, der ein welt-berühmter Spezialist für das Glück war. Er erforschte das Glück seit Jahren, fuhr auf die Kongresse, um darüber zu sprechen, und war damit sehr bekannt geworden. Nun ja, nicht so bekannt wie ein Fernsehmoderator, aber trotz-dem ziemlich bekannt, besonders bei den anderen Exper-ten für das Thema Glück. Agnès kannte ihn gut, denn er war ihr Professor gewesen. So hatte sie mit ihm auch über Hector gesprochen, und der große Professor war einver-standen gewesen, sich mit dem Gast zu unterhalten, und für Hector war das eine Gelegenheit, ihm die Liste zu zei-gen.

Hector war ein bißchen aufgeregt wie ein Schüler, der an die Tafel muß, denn er hatte seine kleinen Lehren sehr interessant gefunden, als er sie aufgeschrieben und sogar noch, als er sie gestern mit Agnès und Alan aufs neue ge-lesen hatte, aber jetzt, kurz bevor er sie dem großen Pro-fessor zeigte, fand er sie ein bißchen kläglich.

Er erzählte das Agnès, aber sie meinte, daß er sich täusche; diese Lehren seien aus dem wirklichen Leben geschöpft, und Hectors persönlicher Blick sei nicht we-niger wert als die Forschungsergebnisse aus den Labo-ren.

Und da fand Hector, daß Agnès wirklich eine großartige Frau war und daß man in jungen Jahren manchmal sehr dämlich ist.

Hector erfährt, daß er nicht blöd ist

Der große Professor war ganz klein, aber er hatte eine große Nase und ein großes Büschel weißer Haare, das über seinem Kopf stand wie das Federkleid eines Vogels. Er sprach sehr laut und machte, wenn er Hector anschaute, von Zeit zu Zeit »häm? häm?«, als wartete er darauf, daß Hector »jawohl« und »natürlich« sagte. Allerdings ließ er ihm gar keine Zeit, das zu sagen, sondern machte mit seinen Geschichten gleich weiter.

»Nun ja, das Glück, verflixt, da zerbricht man sich schon den Kopf, wenn man es bloß definieren will. Ist es Freude – aber nein, wird man Ihnen sagen, Freude ist eine Emotion, so was hält nicht lange vor, das ist gerade mal ein glücklicher Augenblick, aber immerhin, man sollte ihn auf jeden Fall auskosten. Also ist Glück vielleicht Vergnügen, häm? häm? Ah ja, das sagt uns schon was, jedermann weiß, was das ist, aber auch das hält nicht unbedingt lange an. Aber ist Glück nicht die Summe aus lauter kleinen Freuden und kleinen Vergnügungen, häm? häm? Na ja, meine Kollegen haben sich letztendlich auf den Begriff ›subjektives Wohlbefinden‹ geeinigt, puh, wie trist und platt das klingt, das hört sich an wie ein juristischer Fachbegriff für Anwälte: ›Mein Klient erstattet Anzeige wegen Beeinträchtigung seines subjektiven Wohlbefindens!‹ Nein, also wirklich, aber Sie wissen, was gemeint ist, häm? häm?«

Hector fand ihn außergewöhnlich, wie er beim Reden kreuz und quer durchs Zimmer schritt, als wolle er ein Maximum an Raum ausfüllen. Man spürte auch, daß er sehr gelehrt war.

Schließlich zeigte ihm Hector die Liste.

»Ah ja«, sagte der Professor und setzte sich eine Brille mit kleinen Gläsern auf die Nase, »Agnès hat schon davon gesprochen, ein tolles Mädchen, häm? häm? Ich habe ja schon viele Studentinnen kennengelernt, aber sie ist von wahrhafter Intelligenz und dazu noch so charmant ...«

Während der Professor die Liste las, fragte sich Hector, ob er womöglich denken würde, daß er, Hector, nicht gerade von wahrhafter Intelligenz war, sondern eher von wahrhafter Naivität oder, warum nicht, von wahrhafter Dümmlichkeit. Also war er richtig aufgeregt, aber gleichzeitig sagte er sich, daß jemand, der dem Tode entronnen ist, nicht aufgeregt sein sollte, wenn er einem Professor gegenübersteht, der immerzu »hämhäm« macht.

Der Professor las die Liste ganz durch. Hector hatte sie noch einmal in Schönschrift abgeschrieben, und falls Sie die Lektionen schon vergessen haben sollten, haben auch wir sie Ihnen noch mal abgeschrieben:

Lektion Nr. 1: Vergleiche anzustellen ist ein gutes Mittel, sich sein Glück zu vermiesen.

Lektion Nr. 2: Glück kommt oft überraschend.

Lektion Nr. 3: Viele Leute sehen ihr Glück nur in der Zukunft.

Lektion Nr. 4: Viele Leute denken, daß Glück bedeutet, reicher oder mächtiger zu sein.

Lektion Nr. 5: Manchmal bedeutet Glück, etwas nicht zu begreifen.

Lektion Nr. 6: Glück, das ist eine gute Wanderung inmitten schöner unbekannter Berge.

Lektion Nr. 7: Es ist ein Irrtum zu glauben, Glück wäre das Ziel.

Lektion Nr. 8: Glück ist, mit den Menschen zusammen zu sein, die man liebt.

Lektion Nr. 8b: Unglück ist, von den Menschen, die man liebt, getrennt zu sein.

Lektion Nr. 9: Glück ist, wenn es der Familie an nichts mangelt.

Lektion Nr. 10: Glück ist, wenn man eine Beschäftigung hat, die man liebt.

Lektion Nr. 11: Glück ist, wenn man ein Haus und einen Garten hat.

Lektion Nr. 12: Glück ist schwieriger in einem Land, das von schlechten Leuten regiert wird.

Lektion Nr. 13: Glück ist, wenn man spürt, daß man den anderen nützlich ist.

Lektion Nr. 14: Glück ist, wenn man dafür geliebt wird, wie man eben ist.

Anmerkung: Zu einem lächelnden Kind ist man freundlicher (sehr wichtig).

Lektion Nr. 15: Glück ist, wenn man sich rundum lebendig fühlt.

Lektion Nr. 16: Glück ist, wenn man richtig feiert.

Frage: Ist Glück vielleicht einfach eine chemische Reaktion im Gehirn?

Lektion Nr. 17: Glück ist, wenn man an das Glück der Leute denkt, die man liebt.

Lektion Nr. 19: Sonne und Meer sind ein Glück für alle Menschen.

Der Professor kicherte beim Lesen vor sich hin, und Hector war ganz verlegen, aber er suchte einen Gedanken, mit dem er sich trösten konnte, und schließlich fand er in seinem Kopf auch einen: »Glück ist, wenn man der Meinung anderer Leute nicht zu viel Gewicht beimißt.« Das konnte vielleicht auch eine gute Nr. 18 abgeben und den Satz, den er durchgekritzelt hatte, ersetzen.

Am Ende schaute der Professor noch einmal auf die Liste, und dann schaute er Hector an.

»Das ist ja spaßig, Sie haben fast alle zusammengetragen!«

»Alle was?«

»Alle Determinanten des Glücks. Jedenfalls die, zu denen man Forschungen betreibt. Es ist gar nicht mal blöd, Ihr Dings!«

»Möchten Sie damit sagen, daß alle Lektionen funktionieren können?«

»Ja, so ziemlich. Ich könnte Ihnen zu jeder einzelnen Lehre zwei Dutzend Studien raussuchen, die zum Beispiel nachweisen, daß ... (er schaute wieder auf die Liste) ... daß unser Glück, wie Lektion Nr. 1 besagt, von Vergleichen abhängt. Wissen Sie, ich werde Ihnen drei Fragen stellen. Zunächst bitte ich Sie, über den Abstand zwischen Ihrem gegenwärtigen Leben und dem, das Sie gerne führen würden, nachzudenken.«

Hector überlegte und meinte dann, er sei recht zufrieden mit seinem Leben und wolle vor allem, daß es lange so weitergehe wie jetzt.

Natürlich hätte er gern Ying Li wiedergesehen und zur gleichen Zeit Clara geliebt, aber er sagte dem Professor einfach nur: »Vielleicht hätte ich gern ein stabileres Liebesleben.«

Der Professor seufzte sehr tief, und dann bat er Hector, über einen anderen Abstand nachzudenken: den zwischen seinem gegenwärtigen Leben und der besten Lebensphase in seiner Vergangenheit.

Hector sagte, er habe schöne Erinnerungen an seine Jugend, aber dennoch scheine ihm sein Leben heute interessanter zu sein. Er erinnerte sich, daß auch Agnès gemeint hatte, sie sei heute glücklicher als früher. Mit Charles damals im Flugzeug war das ein bißchen anders gewesen. Er hatte sich daran erinnert, schon mal in der *first class* geflogen zu sein, und fühlte sich jetzt in der *business class* weniger wohl.

»Dritte Frage, dritter Abstand«, sagte der Professor. »Denken Sie über den Abstand zwischen dem nach, was die anderen haben, und dem, was Sie selbst haben.«

Diese Frage schien Hector sehr interessant. In seinem Land waren die Armen reicher als die meisten übrigen Bewohner der Erde, aber diese Erkenntnis machte sie nicht glücklicher, denn sie sahen alle Tage, daß ihre reicheren Mitbürger sich eine Menge angenehmer Dinge leisten konnten, die für die Armen zu teuer waren. Und die Werbung machte ihnen das jeden Tag noch zusätzlich bewußt. Wenn man wenig hat, ist das die eine Sache, aber wenn man weniger hat als die anderen, fühlt man sich ein bißchen wie der schlechteste Schüler der Klasse, und das kann unglücklich machen. Deshalb hatten die armen Leute aus dem Meist-Land (und aus allen anderen Ländern übrigens auch) den Strand so gern: Am Strand waren alle Menschen beinahe gleich. Die Reichen dagegen zeigten gern, daß sie mehr besaßen als die anderen, sie kauften sich beispielsweise superteure dicke Autos, die eigentlich gar nicht praktisch waren.

Aber Hector quälten diese Vergleiche nicht besonders. Zunächst einmal hatte er das große Glück, zu den Leuten zu gehören, die so ziemlich alles hatten, was sie wollten. Früher im Gymnasium hatte er sich mit den Jungs verglichen, die es mit den Mädchen besser hinkriegten, oder mit denen, die besser in Sport waren, und manchmal hatte ihn das geärgert, aber inzwischen hatte er das mit den Mädchen ein bißchen nachgeholt, und ein toller Sportler mußte man sowieso nicht sein, wenn man Psychiater war. Alles in allem verglich er sich nicht so oft mit den anderen. Er kannte Leute, die reicher oder berühmter waren als er, aber er hatte nicht den Eindruck, daß sie auch glücklicher waren. (Der Beweis dafür war, daß manche von ihnen in Hectors Sprechstunde kamen, um über ihr Leben zu klagen, und es gab sogar welche, die sich umzubringen versuchten!) Also war es ihm einigermaßen schnurz. Édouard hingegen verglich sich oft mit Leuten, die reicher waren als er, aber bei Geschäftsleuten ist das häufig so, sie machen immer eine Art Wettrennen.

»Na schön«, sagte der Professor, »ich finde, daß Sie ziemlich glücklich sein müssen, häm? häm? Ich habe nämlich einen Kollegen, der gezeigt hat, daß die Summe dieser drei Abstände – zwischen dem, was man hat, und dem, was man gern hätte, zwischen dem, was man heute hat, und dem, was man früher schon mal hatte, sowie zwischen dem, was man hat, und dem, was die anderen haben –, na ja, daß eben dieser durchschnittliche Abstand sehr viel mit dem Glück zu tun hat. Je geringer er ausfällt, desto glücklicher ist man.«

»Aber wie soll man das Glück messen?«

»Ha, das ist eine gute Frage!« sagte der Professor. Und er fing wieder an, um seinen Schreibtisch Runden zu drehen, und war ganz aufgedreht, und das Haarbüschel wippte auf seinem Kopf hin und her. Hector erinnerte sich, daß Agnès ihm erzählt hatte, die Glücksmessung sei sein eigentliches Spezialgebiet als Professor.

Da freute sich Hector nun aber wirklich: Wenn er lernen würde, das Glück zu messen, konnte er sich sagen, daß seine Reise nützlich gewesen war!

Hector lernt das Glück zu messen

»Stellen Sie sich vor, ich wäre ein Marsmensch«, sagte der Professor, »und ich wollte gern die Menschen auf der Erde verstehen. Wie würden Sie mir begreiflich machen, daß Sie sich glücklich fühlen?«

Das war eine wunderliche Frage, und man konnte ein bißchen ins Grübeln kommen, ob der Professor nicht tatsächlich ein Marsmensch war. Hector dachte, daß er im Raumzeittransporter ein wenig geschrumpft sein mußte, außer was die Nase und das Haarbüschel betraf. Aber Hector wußte auch, daß große Wissenschaftler oftmals eine Ader für das Wunderliche haben und daß sie gerade mit dieser Art, auf die Dinge zu blicken, ihre Entdeckungen machen. Also versuchte er so zu antworten, als wollte er einem Marsmenschen erklären, wie Glücklichsein aussah.

»Na ja, ich könnte Ihnen sagen, daß ich mich gut fühle, daß ich fröhlich bin, vergnügt, optimistisch, positiv eingestellt, voll in Form. Wenn Sie ein Marsmensch wären, müßte man Ihnen alle diese Worte natürlich erst mal begreiflich machen und Ihnen erklären, daß das alles Emotionen sind. Und mit Emotionen ist es wie mit Farben, sie lassen sich schwer erklären.«

»Absolut richtig!«

»Es wäre vielleicht einfacher, Ihnen zu erklären, daß ich mit meinem Leben zufrieden bin und die Dinge so laufen, wie ich es möchte. Daß ich in ganz verschiedenen Bereichen zufrieden bin, mit meiner Arbeit, meiner Gesundheit, meinen Freunden, meinen ... äh, meinen Liebesbeziehungen.«

»Nicht schlecht, nicht schlecht! Aber weiter?«

Hector sah weiter nichts.

»Haben Sie im Frühling schon einmal ein Fohlen auf einer Koppel beobachtet?« fragte der Professor plötzlich.

Hector hatte natürlich schon eins gesehen, und das Bild ließ ihn an Ying Li denken, wie sie im Badezimmer geträllert hatte und dann ganz zufrieden und mit wippenden Schritten an Hectors Bett gekommen war.

»Ja«, sagte Hector, »ich habe neulich erst eins gesehen.«

»Und? Woher wußten Sie, daß es glücklich war? Für das kleine Fohlen sind Sie ein bißchen der Marsmensch, verstehen Sie, häm? häm?«

Das war schon wieder eine wunderliche Bemerkung, aber Hector begann sich daran zu gewöhnen, wie der Professor die Dinge sah.

»Ah ja, ich begreife, daß es glücklich ist, weil es wiehert, Luftsprünge macht, spielen will ... Vor meinem Marsmenschen könnte ich lächeln, trällern, lauthals lachen, Freudentänze aufführen, Purzelbäume schlagen und ihm erklären, daß die Menschen glücklich sind, wenn sie so etwas machen. Auf jeden Fall haben sie in dem Augenblick, in dem sie es machen, gute Laune.«

»Da sehen Sie mal«, sagte der Professor. »Sie haben die drei großen Methoden der Glücksmessung gefunden.«

Und er erläuterte Hector, dass man das Glück messen

konnte, indem man die Leute fragte, wie oft sie sich gestern oder letzte Woche in guter Stimmung, vergnügt und froh gefühlt hatten; dies war die erste Methode. Man konnte sie auch fragen, ob sie mit verschiedenen Bereichen ihres Lebens zufrieden waren; das war die zweite. Man konnte aber auch ihren Gesichtsausdruck untersuchen, indem man die Leute filmte und dann sehr komplizierte Messungen anstellte. (Auf diese Weise schaffte man es sogar, ein Dutzend verschiedener Arten von Lächeln zu klassifizieren, darunter Ihr Lächeln, wenn Sie wirklich zufrieden sind, oder das Lächeln, das Sie bloß aufsetzen, um zu zeigen, daß Sie sich nicht aufregen, während Sie sich in Wirklichkeit doch aufregen.)

»Es gibt einen Beweis dafür, daß man mit alledem wirklich dasselbe Phänomen mißt: Wenn Sie eine Gruppe von Leuten mit allen drei Methoden untersuchen und hinterher drei Listen mit den Punktständen machen, dann finden sich die Leute bei allen drei Meßmethoden ungefähr auf dem gleichen Rang wieder!«

Und der Professor sah sehr glücklich aus, als er das sagte. Man hätte meinen können, er würde selbst gleich Purzelbäume schlagen. Hector erinnerte sich, daß ihm Agnès gesagt hatte, der Professor habe einen Teil seines Lebens damit zugebracht, zu beweisen, daß diese drei Glücksmessungen eng miteinander zusammenhingen.

Als er den höchst zufriedenen Professor so sah, erinnerte sich Hector an die Lektionen Nr. 10, *Glück ist, wenn man eine Beschäftigung hat, die man liebt*, und Nr. 13, *Glück ist, wenn man spürt, daß man den anderen nützlich ist*. Er fragte den Professor: »Und hinterher, wozu nutzt man diese Resultate?«

»Man nutzt sie dazu, noch mehr Forschungsgelder zu

beantragen. Ich werde bald eine neue Studie beginnen können!«

Und darüber erzählte er eine ziemlich komplizierte Geschichte: Er wollte herausfinden, ob das Glück vor allem davon abhing, ob alles im Leben glatt lief, oder ob es vor allem vom Charakter abhängig war, ob man sozusagen schon zum Glücklichsein geboren war. Dafür untersuchte er seit Jahren eine Gruppe von jungen Frauen (inzwischen waren aus ihnen Damen geworden) und fragte sie Jahr für Jahr mit jeder Menge Fragebögen, ob sie glücklich waren und was ihnen im abgelaufenen Jahr passiert war, aber er schaute sich auch ihre Fotos, auf denen sie zwanzig Jahre alt waren, genau an.

»Und wissen Sie was?« sagte der Professor. »Es gibt einen Zusammenhang zwischen der Aufrichtigkeit und Intensität des Lächelns mit zwanzig und dem Glück mit vierzig!«

Hector hätte die Fotos von diesen jungen Frauen gern gesehen, aber der Professor war schon dabei, eine andere Studie zu erläutern. Man hatte Zwillinge seit ihrer Kindheit im Auge behalten und herauszufinden versucht, ob der eine genauso glücklich war wie der andere, selbst wenn sie später ganz verschiedene Lebenswege gegangen waren. Man mußte dazu eine Menge Berechnungen anstellen, ungefähr von der Art, wie Alan sie so liebte.

Der Professor begann die Zahlen an der Tafel zu erklären, und Hector meinte, nein danke, die Mühe brauche er sich nicht zu machen, aber der Professor entgegnete: »Doch, doch, Sie werden gleich sehen, Sie werden das gleich begreifen, häm? häm?« Hector sagte sich, daß auch er ein bißchen war wie die Skifahrer, die uns auf eine sehr schwierige Piste mitnehmen und sagen, daß wir uns dort gut amüsieren werden.

Langsam wurde Hector ein bißchen müde, und so fragte er: »Hat man zu den Lehren aus meiner kleinen Liste auch schon Berechnungen gemacht?«

Der Professor drehte sich ein wenig verärgert zu ihm um: »Das ist es ja gerade, was ich Ihnen erklären wollte.«

Er schaute auf Hectors Liste und sagte, daß man dank vieler Studien und Berechnungen zeigen konnte, daß jemand, der sich mit den anderen vergleicht und sich dabei gar nicht so übel findet, den keine Geldsorgen oder Gesundheitsprobleme plagen, der Freunde und eine intakte Familie hat und eine Arbeit, die er liebt, der gläubig ist und seine Religion auch praktiziert, der sich für nützlich hält, der hin und wieder eine kleine Wanderung macht und bei alledem in einem Land lebt, das nicht von allzu üblen Typen regiert wird und wo man sich um einen kümmert, wenn es einem schlechtgeht, nun ja, daß bei so jemandem die Chancen, glücklich zu sein, enorm in die Höhe schnellten.

Hector war zufrieden: Nach dem, was der Professor sagte, hatte er keine schlechten Chancen, glücklich zu sein. Mal davon abgesehen, daß er nicht so richtig eine Familie um sich hatte und daß er nicht besonders gläubig war und erst recht kein praktizierender Christ. Andererseits kannte er verheiratete Leute, die in der Hölle ewiger Streitereien oder endloser Langeweile lebten, und dann gab es unter seinen Patienten auch gläubige Leute, die sehr unglücklich waren, weil sie sich immer für schlechte Menschen hielten, selbst wenn sie richtig gut waren. Er sagte das dem Professor.

»Dafür kann ich nichts«, meinte der Professor, »die Ergebnisse sind, wie sie sind. Ledige sind weniger glücklich als Verheiratete, und übrigens haben sie auch mehr Probleme mit ihrer Gesundheit. Und die Gläubigen fühlen sich laut allen Messungen besser als die übrigen Leute. Natürlich gilt das alles nur für den Durchschnittswert, und es gibt auch Sonderfälle. Aber schauen Sie mal, man hat eine Menge Studien darüber gemacht!«

Und er zeigte Hector einen großen Wandschrank, in dem es hohe Stapel von Papier gab. Es waren Hunderte von Aufsätzen, die Leute wie der Professor oder Agnès geschrieben hatten.

Hector fühlte sich ziemlich stolz, weil er mit nichts als seinem Notizbüchlein alles herausgefunden hatte, was Leute wie der Professor oder Agnès mit einer Menge komplizierter Studien entdeckt hatten. Aber so ist Wissenschaft eben: Es reicht nicht, wenn man irgendwas denkt, man muß versuchen nachzuprüfen, ob es auch stimmt. Wenn nicht, könnte ja alle Welt sonstwas denken und behaupten, und wenn es Leute behaupteten, die gerade in Mode waren, würde man ihnen glauben. (Hector erinnerte sich, daß es in der Psychiatrie ganz schön viele Leute gegeben hatte, die in Mode gewesen waren, und sie hatten sich sehr gerne etwas ausgedacht und vor allem gerne geredet, aber nachgeprüft hatten sie überhaupt nicht gern. So kam es, daß sie nicht selten einen ganz schönen Blödsinn behauptet hatten.)

»Schön«, meinte der Professor, »jetzt werde ich Ihnen etwas wirklich Interessantes zeigen.«

Er führte Hector ins Untergeschoß. Sie kamen in einen großen, ganz ausgekachelten Raum. In der Mitte stand eine riesige und ziemlich komplizierte Maschine mit einem Sessel, der verkabelt war mit enormen Apparaten, die rundherum surrten, und da glaubte Hector wirklich, dies müsse ein Raumzeittransporter sein und der Professor werde ihn gleich auf eine Marsreise mitnehmen.

Hector fliegt nicht auf den Mars

Neben der Maschine stand eine Dame im weißen Kittel. Sie trug eine eckige Brille und ähnelte einer Grundschullehrerin, aber wenn man sie aus der Nähe betrachtete, merkte man, daß sie ziemlich reizend war.

»Meine liebe Rosalyn!« sagte der Professor zu ihr.

Er wirkte ganz aufgedreht, das heißt, noch aufgedrehter als vorher.

»Lieber John ...«, antwortete die Dame lächelnd.

»Ich habe Ihnen ein schönes Versuchsobjekt mitgebracht – einen Psychiater!« sagte der Professor und stellte Hector vor.

»Versuchsobjekt?« fragte Hector verwundert.

»Ja, aber Sie brauchen sich keine Sorgen zu machen, es ist alles ganz harmlos; also fangen wir mal an, Rosalyn hat nicht wer weiß wieviel Zeit, es gibt eine riesige Warteschlange!«

Und schon saß Hector auf dem Sessel inmitten der Apparate, die über seinem Kopf schnurrten. Rosalyn und der Professor standen hinter einer Glasscheibe und schauten auf einen Schalttisch, der so kompliziert aussah wie das Instrumentenbrett in einem großen Flugzeug.

»Schön«, sagte der Professor, »ich bitte Sie nun, an drei Situationen zu denken, und zwar in beliebiger Reihenfolge: Stellen Sie sich vor, wie Sie eine Situation erleben, die Sie sehr glücklich macht. Dann eine Situation, die Sie sehr traurig macht. Und schließlich eine, in der Sie große Angst haben. Greifen Sie am besten zu persönlichen Erinnerungen, das ist einfacher. Ich sage Ihnen, wann Sie anfangen können, sich die erste Situation vorzustellen. Aber vor allem dürfen Sie mir nicht verraten, um welche es sich handelt!«

Hector zog es vor, mit dem Schlimmsten zu beginnen. Also stellte er sich vor, wie er in dem Wandschrank saß, wo es nach toten Ratten roch, und an die Leute dachte, die er mochte und nun niemals mehr wiedersehen würde, worüber auch sie sehr traurig sein würden. Es gelang ihm so gut, sich daran zu erinnern, daß er die Tränen hochsteigen spürte, während er damals, in der echten Situation, gar nicht geweint hatte.

»Schön«, sagte der Professor, »jetzt denken Sie mal an die zweite Situation.«

Diesmal stellte sich Hector vor, wie er Clara neben sich schlafen sah. Weil sie so viel arbeitete, schlief sie sonntags oft länger. Und er wachte vor ihr auf und mochte es, ihr beim Schlafen zuzusehen, es machte ihn sehr glücklich, und in diesen Augenblicken hatte er das Gefühl, mit ihnen beiden könne nichts schiefgehen.

(Sie fragen sich vielleicht, weshalb er nicht an Ying Li dachte. Nun ja, es machte ihn nicht so richtig glücklich, wenn er an Ying Li dachte, die so weit entfernt war, in China.)

»Schön«, sagte der Professor, »jetzt die dritte Situation.«

Und da sah sich Hector wieder in dem alten Flugzeug sitzen, das wackelte und dröhnte und wo die Enten und Hühner vor der Landung eine Menge Lärm machten.

»O.k., das war's«, sagte Rosalyn.

Hector stieg vom Sessel herunter und paßte auf, daß er dabei mit dem Kopf nirgendwo anstieß, und der Professor meinte: »Sie haben zuerst an die Situation gedacht, die Sie traurig machte, dann an die, in der Sie glücklich waren, und schließlich an die, in der Sie Angst hatten.«

Hector hatte schon geahnt, daß der Professor richtig raten würde (er kannte diese Art von Maschinen vom Hörensagen), aber erstaunt war er trotzdem.

Der Professor führte Hector an den komplizierten Schalttisch, während Rosalyn an verschiedenen Knöpfen drehte. Es gab dort auch einen Farbbildschirm, auf dem plötzlich ein Bild erschien.

»Schauen Sie«, sagte der Professor, »schauen Sie!«

Es sah aus wie ein sehr komplizierter Fleck mit jeder Menge schöner Farben, die von ganz dunklem Blau bis zum lebhaftesten Orange reichten. Es war nämlich ein Foto von Hectors Gehirn, und zwar in der Art, als hätte man aus ihm eine sehr dünne Scheibe herausgeschnitten und darn schön flach auf einer Glasplatte ausgebreitet.

»Das ist eine Karte, die den Sauerstoffverbrauch in Ihrem Gehirn anzeigt. Die blauen Zonen sind die, die nicht viel verbrauchen. Orange ist das Gegenteil, und das bedeutet, daß diese Zonen hart arbeiten.«

Rosalyn drückte auf ein paar Knöpfe, und drei kleinere Fotos von Hectors Gehirn erschienen auf dem Bildschirm, eins neben dem anderen. Man konnte gut sehen, daß jedes Mal etwas andere Zonen arbeiteten.

»Traurigkeit, Glück, Angst«, sagte der Professor und tippte mit dem Finger auf das entsprechende Bild. »Fabelhaft, nicht wahr?«

»Das Glück ist also in dieser Zone«, sagte Hector und

zeigte auf einen kleinen orangen Fleck, der auf dem Bildschirm in der rechten Hälfte seines Gehirns leuchtete.

»Weil Sie ein Mann sind«, sagte Rosalyn. »Bei Frauen ist diese Zone diffuser und erstreckt sich über beide Gehirnhälften. Wenn sie traurig sind, übrigens auch.«

Sie erklärte Hector, daß man, seit es diese Art von Maschinen gab, festgestellt hatte, daß ein Männergehirn und ein Frauengehirn nicht vollkommen gleich funktionierten, selbst beim Lesen oder Rechnen nicht. Na sehen Sie bloß, das hatte doch jeder längst geahnt. Aber wie wir schon sagten, gehört zur Wissenschaft auch, daß man die Dinge nachprüft.

»Stellen wir uns mal vor, man würde ein Medikament finden, das diese Zone aktiviert«, sagte Hector, »dann wäre man doch pausenlos glücklich.«

»Aber man hat es schon gefunden! Rosalyn, können Sie ihm bitte die Bilder von den Japanern zeigen?«

Und auf dem Bildschirm erschienen drei Bilder von Gehirnen von Japanern (man muß vorher wissen, daß es Japaner sind, sonst ist es ziemlich schwer zu erraten).

»Und jetzt gucken Sie mal genau hin«, sagte der Professor.

Diesmal leuchteten die Gehirne ganz und gar orange, und vor allem in der Zone des Glücks. Die Japaner hatten in diesem Augenblick sehr glücklich sein müssen.

»Aber was ist das für ein Medikament?« fragte Hector.

Er wollte es gleich ausprobieren und am besten auch Clara etwas davon mitbringen.

»Sake«, meinte Rosalyn. »Als man die Bilder aufnahm, hatten die Leute ein paar Minuten zuvor ein großes Glas Sake getrunken.«

Das zeigte einem nun wirklich, weshalb man sich so

gut fühlte, wenn man Sake getrunken hatte oder Bier oder Champagner oder auch die Weine, die Édouard so mochte.

»Aber schauen Sie sich das Folgende an«, fügte Rosalyn hinzu. »Das sind Bilder, die man drei Stunden später gemacht hat.«

Hier nun waren die Gehirne der Japaner viel blauer als zu Beginn. Es ähnelte sogar den Bildern von der Traurigkeit. In diesem Moment waren die Japaner bestimmt nicht besonders in Form gewesen. Wenn man die Bilder sah, bekam man fast Lust, ihnen noch mehr Sake einzuschenken, damit ihr Gehirn reaktiviert wurde (es gibt Leute, die brauchen solch ein Experiment gar nicht und haben den Trick ganz von selbst begriffen).

Rosalyn zeigte Hector auch Gehirnbilder von Herren, denen man zuerst Fotos von sehr, sehr schönen Damen präsentiert hatte und dann Fotos von Damen, die einfach nur normal hübsch waren. Na ja, und wenn diese Herren die sehr schönen Damen gesehen hatten, fingen bei ihnen die gleichen Hirnzonen an zu strahlen wie bei Leuten, die das schlechte Medikament genommen hatten, das Eduardo herstellte! Dies bestärkte Hector in seiner Meinung, daß man der Schönheit mißtrauen sollte, aber daß es leider sehr schwer zu schaffen war.

Rosalyn erklärte, daß man mit dieser Art von Maschinen eine Menge darüber herausfinden konnte, wie das Gehirn gesunder Leute funktioniert, aber auch darüber, wie es funktioniert, wenn die Leute krank sind, und über die Stellen, an welchen die Medikamente wirken. Sie zeigte Hector sogar die Wirkung einer Psychotherapie bei jemandem, der große Angst gehabt hatte, sein Haus zu verlassen. Nach der Therapie – welche darin bestand, daß man ihn allmählich wieder daran gewöhnte, unter Leute zu gehen – hatte sein Gehirn auf den Fotos wieder ein normales Aussehen bekommen!

Hector sagte sich, daß er das sehr interessant fand. Es freute ihn zu wissen, welche kleine Zone seines Gehirns aktiviert wurde, wenn er glücklich war.

»Mit Ihren Bildern ist das im Grunde so, als würde man das Lächeln des Gehirns sehen.«

Rosalyn und der Professor blickten sich an.

»Das Lächeln des Gehirns!« rief der Professor. »Welch schöne Idee!«

Und er erklärte Hector, daß diese Bilder tatsächlich sehr nützlich waren, wenn man die Funktionsweise des Gehirns begreifen wollte, aber daß sie das Glück genauso wenig erklärten, wie Ihr Lächeln erklärt, worüber Sie sich gerade freuen.

Hector bemerkte, daß Rosalyn lächelte, während sie ihm zuhörte. Schon vorhin, als er die Fotos auf dem Bildschirm betrachtet hatte, hatte er aus den Augenwinkeln gesehen, wie sich der Professor und Rosalyn hinter ihm geküßt hatten.

Was letztendlich beweist, daß der Professor wirklich kein Marsmensch war, falls Sie da noch Zweifel gehabt haben sollten.

Hector macht eine praktische Erfahrung

Der Professor ging mit Hector zum Mittagessen in eine Cafeteria der Universität, wo alle draußen saßen, denn in dieser Stadt war immer schönes Wetter – außer zwei Wochen lang im Winter, wo man abends einen Pullover überziehen mußte.

Sie setzten sich neben eine große Wiese, und Hector bereitete es Vergnügen, die Eichhörnchen zu beobachten, die keine Angst vor den Leuten hatten und ganz dicht herankamen, um sich füttern zu lassen. An den anderen Tischen saßen Studenten und richtige Professoren ziemlich bunt durcheinander, denn es war eine von den Universitäten, wo Studenten und Professoren miteinander redeten.

»Also«, sagte der Professor und machte sich über sein Brathähnchen her, »haben Sie den Eindruck, jetzt mehr über das Glück zu wissen?«

Hector bejahte das, aber im selben Moment spürte er, wie ihn jemand am Hosenbein zog: Es war ein Eichhörnchen, das ein bißchen von Hectors Mittagessen abhaben wollte. Und genau das brachte ihn auf eine Idee. Ob es diesem Eichhörnchen wohl bewußt war, welches Glück es hatte, hier zu leben? Oder brachte es seine Zeit womöglich damit zu, sich zu fragen, ob es woanders nicht besser wäre, oder sich zu sagen, daß es nicht das Leben führte, welches es verdient hätte? Im Grunde hing das von den Vergleichen ab, die das Eichhörnchen anstellen konnte: Es hatte natürlich gesehen, daß vor Hector ein schöner Teller mit fritierten Tintenfischringen stand. Das Eichhörnchen konnte nun denken, daß dieser Teller ein großes Glück war, weil er seine Chancen erhöhte, auch ein bißchen Tintenfisch abzubekommen. Es konnte aber auch eine schreckliche Ungerechtigkeit darin sehen, daß Hector für sich allein so viel zu essen hatte. Oder es konnte zum Schluß kommen, daß es ein armes Würstchen war (vor allem, wenn seine Eichhörnchenfrau es noch darin bestärkte, wenn es abends nach Hause kam). Das Glück des Eichhörnchens hing von der Art und Weise ab, wie es die Situation sah. Also sagte Hector dem Professor: »Unter meinen Patienten kenne ich Leute, die nicht von Geldsorgen oder Krankheiten gequält werden, die eine intakte Familie haben und eine interessante und nützliche Arbeit und die trotzdem ziemlich unglücklich sind: Sie haben Angst vor der Zukunft, sind unzufrieden mit sich selbst und sehen immer nur die Nachteile ihrer Lage. Bei den Glücksdeterminanten, die Sie mir vorher aufgezählt haben, fehlt noch einer – die Sichtweise auf die Dinge. Um es zusammenzufassen: Man sieht doch, wie unterschiedlich glücklich jemand ist, der eine Flasche für halb voll ansieht, und jemand, der sie als halb leer betrachtet.«

»Ah«, sagte der Professor, »das ist ja eine typische Psychiaterbemerkung. Aber Sie haben recht, dieser Punkt ist sehr wichtig.«

Und er berichtete Hector, daß es unter den Professoren, die Spezialisten zum Thema Glück waren, eine große Debatte gab. Die einen meinten, man sei vor allem glücklich, weil man ein Leben voll angenehmer Dinge oder Ereignisse habe, wie sie zum Beispiel auf Hectors Liste standen. Andere Professoren waren damit nicht einverstanden: Sie dachten, daß Glück vor allem von der Sicht auf die Dinge abhängig sei, was genau der Geschichte von der halbvollen oder halbleeren Flasche entsprach.

»Meine Kollegen, welche die zweite Position vertreten, neigen zu der Ansicht, daß es mit unserem Glückspegel ein bißchen ist wie mit unserem Blutdruck oder unserem Gewicht: Je nach den Umständen geht er mal ein bißchen rauf und mal ein bißchen runter, aber im großen und ganzen pendelt er sich immer wieder auf einem bestimmten Grundniveau ein, das jedem Menschen eigen ist. Sie untersuchen Leute, die große Erfolge errungen oder großes Unglück erlebt haben, und sehen, daß ihre Stimmung ein paar Monate später fast wieder auf dem gleichen Niveau angelangt ist wie vorher.«

»Und Sie, was denken Sie darüber?« wollte Hector wissen.

»An beiden Theorien ist etwas dran. Wir werden von den Umständen beeinflußt, aber es gibt auch Leute, die fürs Glücklichsein mehr Begabung haben.«

Und Hector erinnerte sich an Djamila, die eine so schwere Krankheit hatte, daß es ein schreckliches Unglück war, aber die sich dennoch glücklich fühlte, wenn sie daran dachte, daß ihre kleinen Brüder nicht im Krieg sterben mußten.

Hector zog sein Notizbüchlein hervor und trug eine Lehre ein, die ihm sehr wichtig schien:

Lektion Nr. 20: Glück ist eine Sichtweise auf die Dinge.

Der Professor kaute energisch an seinem Hähnchen herum. Bisher hatte Hector ihn immer in guter Stimmung erlebt, und so stellte er ihm eine andere Frage.

»Und diese Neigung zu guter Laune, weiß man, woher die kommt?«

Da begann der Professor erneut von den Untersuchungen an Zwillingen und jungen Frauen zu sprechen, aber zum Glück hatte er hier keine Tafel, und so konnte er sich nicht wieder daranmachen, die Berechnungen zu erläutern. Im Prinzip war es mit der Begabung fürs Glücklichsein ein bißchen so, als wenn man stark in Kopfrechnen war oder gut in Sport: Es hing teilweise davon ab, wie Ihr Gehirn bei Ihrer Geburt aussah und sogar schon früher, aber auch davon, wie Ihre Eltern oder andere erwachsene Leute sich um Sie gekümmert hatten, als Sie klein waren. Und dann kam es natürlich darauf an, wie man sich hinterher selbst angestrengt hatte und wem man begegnet war.

»Egal ob Vererbung oder Erziehung«, sagte der Professor, »die Eltern sind auf jeden Fall schuld!«

Darüber mußte er selbst lauthals lachen, und die Leute an den anderen Tischen drehten sich um, aber als sie sahen, daß es der Professor war, mußten sie grinsen, denn sie kannten ihn gut.

In diesem Moment tauchte Rosalyn auf, aber sie trug jetzt keinen weißen Kittel mehr, sondern ein hübsches blaues Sommerkleid mit Blumen drauf; sie unterhielt sich mit einem gutaussehenden Herrn, der ihr ziemlich tiefe Blicke zuwarf, und dann setzten sie sich zusammen an einen Tisch.

Der Professor hörte auf zu reden. Hector sah, daß er seine gute Laune komplett verloren hatte. Er blickte zu Rosalyn und dem Herrn hinüber, die sich lächelnd unterhielten und zu essen begannen, und dabei war er ganz blaß geworden.

»Rupert, dieser Schuft!« preßte der Professor zwischen den Zähnen hervor.

Er sah jetzt sehr unglücklich aus und sehr zornig, und Hector wußte gut, daß es in solchen Fällen half, wenn man darüber redete. Also fragte er den Professor, weshalb Rupert ein Schuft war.

»Nicht bloß, daß er mir meine Forschungsgelder wegnimmt, jetzt scharwenzelt er auch noch um Rosalyn herum!« entgegnete der Professor.

Und er erklärte, daß Rupert auch Professor war, und zwar Spezialist für die Unterschiede im Gehirn bei Männern und Frauen. Er machte eine Menge Experimente mit Rosalyns Maschine, also sah er Rosalyn ziemlich oft.

»Und weil die Unterschiede zwischen Männern und Frauen gerade groß in Mode sind, interessieren sich die Medien dafür, und Rupert tritt im Fernsehen in diesen Frauensendungen auf. Unserem Dekan gefällt das, denn es ist gut für das Ansehen der Universität, und so kriegt niemand im Institut so viele Forschungsgelder wie Rupert!«

Und Hector merkte, wie der Professor litt, wenn er sah, wie Rosalyn und Rupert miteinander redeten und sich dabei anlächelten.

Hector notierte in seinem Gedächtnis eine Lehre, die er später ins Büchlein schreiben wollte:

Lektion Nr. 21: Rivalität ist ein schlimmes Gift für das Glück.

Wenn man es recht bedachte, taten sich die Leute wegen Rivalitätsgeschichten seit jeher Übles an, und manchmal führten sie deshalb sogar Kriege: Sie wollten dasselbe haben wie die anderen oder Chef werden anstelle des alten Chefs.

Zum Glück erschien in diesem Augenblick Agnès, und das war eine kleine Ablenkung. Als sie so näher kam, ganz reizend und lächelnd und in einem schönen Kleid, fragte sich Hector, ob er heute glücklicher wäre, wenn sie damals geheiratet hätten. Aber vielleicht hätte er sich mit ihr dann wegen der Kinder gestritten, oder es wäre ihnen langweilig geworden, sich die ganze Zeit zu sehen, und inzwischen wären sie wie alle Welt längst geschieden gewesen.

»Na«, sagte Agnès und setzte sich zu ihnen, »ist Hectors Gehirn normal?«

Hector antwortete: »Normal für einen Psychiater«, und das brachte Agnès zum Lachen, aber nicht den Professor, der sich bemühte, nicht mehr zu Rupert und Rosalyn hinüberzuschauen; man merkte jedoch, daß es ihn noch immer mitnahm. Weil Agnès aber pfiffig war, hatte sie die Situation gleich begriffen, und so setzte sie sich dem Professor genau gegenüber, so daß er Rupert und Rosalyn nicht mehr sehen konnte. Und dann begann sie ihm von einem kürzlich erschienenen Aufsatz zu erzählen, den sie gerade gelesen hatte und in dem es um den Unterschied zwischen Freude, guter Laune und Glück ging, und ziemlich bald war der Professor wieder ganz aufgedreht und in so guter Stimmung wie zuvor.

Hector gab dem Eichhörnchen etwas von dem Tintenfischring, und es hüpfte ein Stück weiter, um daran zu knabbern. Hector konnte das Lächeln von Eichhörnchen nicht dechiffrieren, hatte aber trotzdem den Eindruck, daß sich das Tier ziemlich freute.

Und dann schaute er Agnès an, der es gelungen war, dem Professor wieder zu seiner guten Laune zu verhelfen, und er erinnerte sich auch an Djamila, die wegen ihrer kleinen Brüder glücklich war, an Ying Li, die ihr Geld der Familie schickte, und an die Cousine von Marie-Louise, die ihm jene nette Überraschung bereitet hatte. Und er notierte:

Lektion Nr. 22: Frauen achten mehr auf das Glück der anderen als Männer.

Er wußte nicht, ob Rupert diesen Unterschied zwischen Männern und Frauen bereits entdeckt hatte, aber er, Hector, brauchte gar nicht erst die Maschine von Rosalyn zu bemühen, um sich dessen ganz sicher zu sein.

Und vielleicht führte das auch zu einer Lehre wie der folgenden:

Lektion Nr. 23: Bedeutet Glück, daß man sich um das Glück der anderen kümmert?

Hector kehrt zurück an den Ursprung

»Sie haben gute Arbeit geleistet«, sagte der alte Mönch.

Er saß hinter seinem Schreibtisch und las Hectors Liste. Er hatte sich eine kleine Brille aufgesetzt und wirkte noch kleiner und älter, als ihn Hector in Erinnerung hatte, aber er sah noch genauso zufrieden aus wie damals.

Hector hatte seine Liste mit den neuesten Lektionen noch einmal sauber abgeschrieben, denn einem so bedeutenden und freundlichen alten Mönch kann man ja keinen Schmierzettel mit Klecksen drauf zeigen oder mit kleinen Kritzelbildchen, die überhaupt nichts bedeuteten.

Durchs Fenster sah man noch immer die schönen chinesischen Berge; manchmal lagen sie ganz finster im Schatten der Wolken, dann strahlten sie wieder im Sonnenschein, und Hector sagte sich, daß es einem ein bißchen helfen mußte, weise zu werden, wenn man jeden Tag solche Berge sah.

Der alte Mönch las die Liste sehr aufmerksam durch, und das machte einen seltsamen Eindruck auf Hector. Denn der alte Mönch hatte selbstverständlich viel mehr erlebt als er. In all den Jahren, die er schon Mönch war, hatte er sich auch viel Zeit zum Nachdenken genommen. Und dennoch war er sehr aufmerksam, als er Hectors kleine Lehren über das Glück las. Hector fragte sich, ob er selbst zu so viel Aufmerksamkeit fähig war, wenn er die Briefe seiner Patienten las oder sogar die Briefe von Leuten, die er liebte.

Vielleicht war das schon eine andere Lektion: *Man soll anderen Menschen gegenüber sehr aufmerksam sein.*

Der alte Mönch hatte jetzt aufgehört zu lesen. Er bat Hector, ihm sein Notizbüchlein zu zeigen, denn er wollte auch die Entwürfe sehen. Hector zögerte und sagte: »Glauben Sie wirklich ...«, aber der alte Mönch streckte noch immer die Hand aus und lachte dabei, und so reichte Hector ihm das Büchlein.

Der alte Mönch begann die Entwürfe zu studieren. Von Zeit zu Zeit lächelte er, aber wie wir schon sagten, tat er das nicht, um sich über Hector lustig zu machen, sondern eher, weil er wirklich zufrieden war. Hector sagte sich, daß der alte Mönch eine gute Sichtweise auf die Dinge haben mußte, eine von der Sorte, wie sie uns glücklich macht.

Schließlich unterbrach der Mönch seine Lektüre und fragte Hector, was für eine Lektion es war, die er ganz zugekritzelt hatte. Hector fühlte sich verlegen und hatte keine große Lust, das einem Mönch zu erzählen, aber der alte Mönch fragte weiter, und so sagte Hector:

Lektion Nr. 18: Glück wäre, wenn man mehrere Frauen gleichzeitig lieben könnte.

Der alte Mönch lachte laut auf: »Genau das habe ich auch gedacht, als ich jung war!«

Er las das Notizbüchlein zu Ende, schaute noch einmal auf die Liste und sagte: »Sie haben wirklich gute Arbeit geleistet. All Ihre Lektionen sind gut. Ich habe nichts hinzuzufügen.«

Hector freute sich, aber gleichzeitig war er ein wenig

enttäuscht. Er hatte erwartet, daß ihm der alte Mönch noch ein paar andere Lehren geben würde oder vielleicht eine schöne Theorie über das Glück.

Der alte Mönch schaute ihn an und lächelte immer noch, und dann sagte er: »Das Wetter ist sehr schön. Lassen Sie uns eine Runde gehen.«

Die Landschaft war herrlich. Man sah das Gebirge, das Meer und den Himmel.

Hector fühlte sich ein bißchen verschüchtert, wie er so dastand, ganz allein mit diesem alten und sehr wichtigen Mönch, und er wußte nicht recht, was er sagen sollte. Aber gleichzeitig fühlte er, daß der alte Mönch von ihm nicht erwartete, daß er irgend etwas Intelligentes oder Weises sagte, sondern daß er nur diesen Augenblick von großer Schönheit mit ihm teilen wollte.

Der alte Mönch sagte: »Wirklich weise sein, das würde bedeuten, auf diese Landschaft verzichten zu können und selbst auf dem Grunde eines Brunnens noch derselbe zu sein. Aber man muß zugeben, daß es schwieriger ist.«

Und Hector begriff, daß der Mönch das erlebt haben mußte, den Grund eines Brunnens.

Sie beobachteten eine Weile, wie Wolken und Sonne und Wind mit den Bergen spielten. Hector fragte sich, ob dies nicht eine weitere Lektion war: *Nimm dir Zeit, die Schönheit der Welt zu betrachten.*

In diesem Augenblick kam ein junger Mönch über einen schmalen Pfad auf sie zu. Er sagte dem alten Mönch etwas auf Chinesisch und stieg dann wieder zu den Klostergärten hinab, in denen man noch andere Mönche bei der Arbeit sah (eine sehr spezielle Gartenarbeit, die ziemlich einfach aussieht, aber schwer zu erklären ist).

»Gut«, sagte der alte Mönch, »ein Besucher wartet auf

mich. Aber es hat mir Vergnügen bereitet, daß wir ein bißchen Zeit zusammen verbringen konnten.«

Hector hatte schon die ganze Zeit Lust gehabt, ihm eine Frage zu stellen, und so brachte er sie jetzt vor: »Als wir uns das erste Mal sahen, haben Sie mir gesagt: Es ist ein Irrtum zu glauben, Glück wäre das Ziel. Ich bin nicht sicher, ob ich das richtig begriffen habe.«

»Ich meinte so ein Ziel, wie ihr es in eurer Kultur immer so schön abzustecken wißt; dadurch habt ihr ja übrigens so viele interessante Dinge vollbracht. Aber Glück gehört nicht in diese Kategorie. Wenn Sie es sich abstekken, werden Sie es mit großer Wahrscheinlichkeit verfehlen. Und wie wollen Sie jemals wissen, daß Sie es erreicht haben? Natürlich, man kann den Leuten, und besonders den unglücklichen, nicht böse dafür sein, daß sie glücklicher sein wollen und sich Ziele abstecken ...«

»Möchten Sie damit sagen, daß die besten Lehren nicht für alle Menschen gleich gut sind?«

Der alte Mönch schaute Hector an und sagte: »Erzählen Sie denn jedem Patienten das gleiche?«

Hector überlegte ein wenig und antwortete dann, so sei es nicht, es hänge von ihrem Charakter ab und davon, ob sie jung oder alt waren und ob sie großes Unglück erlebt hatten oder nicht.

»Nur, sehen Sie«, sagte der alte Mönch, »das ist ein und dieselbe Sache.«

Hector überlegte noch ein wenig und sagte, daß er zwar nicht jedem dasselbe erzähle, aber daß er dennoch bestimmte Prinzipien habe, die er sehr oft anwende, besonders bei den Leuten, die zu traurig waren oder zu große Angst hatten: So half er ihnen etwa, einen Unterschied zu machen zwischen ihren Vorstellungen über sich und die anderen und dem, was wirklich war, denn sie neigten dazu, das, was sie dachten, für die Wirklichkeit zu halten, obwohl das nicht immer stimmte.

»Sehen Sie«, sagte der alte Mönch, »das ist schon wieder dieselbe Sache. Aber jetzt lassen Sie uns zurückgehen.«

Er stieg wieder zum Kloster hinab, und Hector folgte ihm und fragte sich, was er damit hatte ausdrücken wollen.

Als sie am Klostertor angelangt waren, bat ihn der alte Mönch, sich noch einen Moment zu gedulden, denn er wolle ihm noch etwas geben. Es wartete dort ein chinesischer Herr, und Hector begriff, daß es der Besucher war, von dem der junge Mönch gerade gesprochen hatte. Aber dieser Herr war nicht wie ein Mönch gekleidet, sondern wie ein Chinese aus der Stadt; er trug eine Krawatte und einen Anzug.

Hector hatte sich durch seine Reise daran gewöhnt, mit Leuten zu sprechen, die er nicht kannte. Er machte sich also mit dem chinesischen Herrn bekannt, der besser Englisch sprach als Hector. Sie stellten fest, daß sie beide Doktoren waren und daß der chinesische Herr in einer der Fachrichtungen arbeitete, von denen wir vorhin gesprochen haben und deren Namen wir Ihnen nicht nennen wollten, um Sie nicht zu beunruhigen.

Der alte Mönch kam zurück, und in den Händen hielt er zwei sehr schöne chinesische Schalen in Blau und Weiß und mit hübschen Bildern drauf. Und er sagte zu Hector: »Das ist ein Gedeck für Eheleute. Sie können es verschenken ... oder behalten.«

Und dazu lachte er sein kleines Lachen, und dann verabschiedete er sich von Hector.

Auf der Schwelle drehte sich Hector noch einmal um und sah, wie der alte Mönch und der chinesische Doktor ihm hinterherblickten, und der alte Mönch lächelte ihm ein letztes Mal zu und hob die Hand zum Gruß, und es erinnerte Hector an Djamila.

Draußen war es noch immer herrlich, aber Hector fühlte sich traurig.

Er blieb stehen, um die chinesischen Schalen in seinem Rucksack zu verstauen. Er wollte nicht riskieren, daß er sie womöglich zerbrach. Zwischen den beiden Schalen steckte ein kleiner Zettel, und auf ihm stand geschrieben: 20 – 13 – 10.

Hector zog schnell sein Notizbuch hervor und las:

Lektion Nr. 20: Glück ist eine Sichtweise auf die Dinge.

Lektion Nr. 13: Glück ist, wenn man spürt, daß man den anderen nützlich ist.

Lektion Nr. 10: Glück ist, eine Beschäftigung zu haben, die man liebt.

Hector sagte sich, daß dies ziemlich gute Lehren waren. Für ihn jedenfalls.

Hector erfindet das Spiel der fünf Familien

»Kalifornischen, französischen oder chilenischen?«

»Welchen möchtest du am liebsten?«

Hector und Édouard saßen aufs neue in jenem schönen Restaurant, von dem aus man die ganze Stadt funkeln sieht und die Lichter der Schiffe in der Bucht, und sie redeten so miteinander, als wäre seit dem letzten Mal kein Tag vergangen, und das ist das Schöne unter richtigen Freunden.

Als sie auf den chinesischen Weinkellner warteten, fragte Édouard Hector, ob er etwas gelernt habe, das ihm, Édouard, von Nutzen sein könnte. Hector hatte bemerkt, daß Édouard über das Wiedersehen zwar erfreut gewesen war, aber nicht ausgesprochen glücklich zu sein schien, exakt wie beim letzten Mal. Er sagte sich, daß er ihm vielleicht mit einem guten Rat helfen konnte.

»Nun, es fängt schon damit an, daß es verschiedene Sorten von Glück gibt. Nennen wir sie Glücksfamilien.«

»So was habe ich mir schon gedacht«, meinte Édouard. »Aber welche gibt es denn?«

»Sagen wir mal, fünf Familien. Zuerst zwei Familien des beschwingten Glücks und zwei Familien des stillen Glücks. Beschwingtes Glück ist, wenn man sich freut, wenn man feiert, auf Reisen geht oder mit einer Frau, nach der man wild ist, im Bett liegt.«

»Ah ja, das kenne ich! Und das, gehört das auch

dazu?« fragte Édouard und zeigte auf die Flasche, welche der chinesische Weinkellner ihnen gerade gebracht hatte.

Ja, natürlich, meinte Hector und erzählte ihm die Geschichte von den Gehirnen der Japaner, die Sake getrunken hatten, und wie man das Gehirn richtig lächeln sah. Édouard sagte dazu nichts, aber man merkte, daß es ihn zum Nachdenken brachte.

»Zweite Familie des beschwingten Glücks: Man arbeitet an einer Sache, die einem Spaß macht, man möchte ein Ziel erreichen. Das kann im Beruf sein, aber auch beim Sport oder bei der Gartenarbeit oder auch, wenn man über einer komplizierten Rechenaufgabe brütet, vorausgesetzt, man mag so etwas.«

Er erzählte Édouard, wie gern Alan joggen ging und Rechenaufgaben löste und wie sehr Jean-Michel es liebte, für die Kinder und ihre Mütter ein richtig guter Doktor zu sein, und wie aufgedreht der Professor war, wenn er versuchte, das Glück zu begreifen.

»Hm«, sagte Édouard, »diese Art von Glück erlebe ich ein bißchen, wenn ich mich richtig hinter ein schönes Dossier klemme und es schaffe, den Kunden zu überzeugen. Aber so richtig aus dem Häuschen gerate ich dabei nicht mehr ...«

»Gut, und dann gibt es die zwei Familien des stillen Glücks. Wenn man ganz einfach zufrieden ist und nur möchte, daß es so weitergeht. Das geschieht, wenn du dich mit Leuten vergleichst, die du kennst, oder mit deiner eigenen Vergangenheit, und wenn du dich so glücklich findest, wie du gerade bist. Oder auch, wenn du dich überhaupt nicht vergleichst!«

Er erzählte ihm, wie Agnès ihr jetziges Leben mit ihrer

Vergangenheit verglichen hatte und wie sie fand, daß sie nie zuvor so glücklich gewesen sei, obwohl es auch jetzt nicht perfekt war. Und er erzählte ihm die Geschichte von den Kindern aus Marie-Louises Land, die noch nicht groß genug waren, um Vergleiche anzustellen.

»Das funktioniert bei mir nicht«, entgegnete Édouard, »ich vergleiche mich immerzu mit anderen.«

»Mit den Leuten, die drei Millionen Dollar verdient haben?«

»Ja, und wenn ich die drei Millionen beisammen habe, mit den Leuten, die zwanzig verdient haben.«

»Das ist eine Art, die Dinge zu sehen«, sagte Hector. »Du vergleichst dich aber nicht mit den kleinen Frauen auf ihren Wachstuchdecken?«

»Nein, leider! Ich vergleiche mich mit Leuten, die mir ähneln.«

Er kostete vom Wein und sagte: »Nicht übel, aber den 76er vom letzten Mal fand ich besser. Und das andere stille Glück?«

»Genau, das ist nämlich eine bestimmte Sichtweise auf die Dinge. Du erträgst die Welt und bewahrst dir deine innere Gelassenheit, egal was dir passiert, selbst wenn dein eigener Tod kommt.«

Édouard wurde ganz blaß.

»Glaubst du, daß ich bald sterben werde?«

»Aber nein, ich wollte sagen, wenn er irgendwann einmal kommt, wie für uns alle eben.«

Und er berichtete ihm von Djamila im Flugzeug und von dem alten Mönch oben im Gebirge.

Édouard hörte Hector sehr aufmerksam zu. Und dann sagte er, daß er nun begreife, weshalb er sich nicht besonders glücklich fühlte: »Das Feiern macht mir nicht mehr so viel Spaß wie früher, und meine Arbeit stachelt mich nur noch hin und wieder an, aber wie ich dir schon gesagt habe, mag ich sie eigentlich nicht so richtig. Ich vergleiche mich immer mit denen, die mehr haben als ich. Und dann fühle ich mich überhaupt nicht heiter und gelöst; ich rege mich schnell auf, wenn es nicht so läuft, wie ich will.«

»Es gibt noch eine fünfte Familie des Glücks.«

»Ah, das ist vielleicht meine letzte Chance ...«

»Es ist das Glück, das man mit den anderen erlebt: Freundschaft, erwiderte Liebe, die Aufmerksamkeit, die man dem Glück und dem Unglück der Leute schenkt, das Gefühl, anderen nützlich zu sein.«

»Das ist aber auch eine verdammte Quelle von Unglück!« sagte Édouard. »Die Leute enttäuschen dich, und deine Freunde können dich verraten. Und was die Liebe angeht, mit der kann man sich manchmal sehr weh tun.«

Das erinnerte Hector daran, daß Édouard einmal sehr verliebt gewesen sein mußte, aber daß es wahrscheinlich nicht gut ausgegangen war.

»Stimmt, aber wenn du die anderen und ihre Unvollkommenheiten immer aus der Nähe erlebst, kann dich das auch zu innerer Gelassenheit führen, zum Glück der vierten Familie. Und dann kannst du auch spüren, daß du den anderen nützlich bist, ohne immer gleich Anerkennung zu erwarten, und darüber trotzdem glücklich sein.«

Édouard schaute Hector an: »Du redest ja wie ein Mönch.«

Darüber mußte Hector lachen. Und plötzlich fragte er sich, ob er inzwischen nicht auch so zu lachen anfing wie der alte Mönch. Also sagte er schnell: »Ich werde dir be-

weisen, daß ich noch nicht ganz so rede wie ein Mönch!«
Und er fragte Édouard nach Neuigkeiten von Ying Li.

Natürlich haben Sie damit gerechnet. Hector wird ja
nicht nach China zurückkehren, um bloß mit dem alten
Mönch und mit Édouard zu reden!

Édouard erzählte ihm, daß Ying Li noch immer in der
Bar mit der sanften Beleuchtung arbeitete und daß er sie
von Zeit zu Zeit sah. Einmal hatte sie um Neuigkeiten
von Hector gebeten.

»Ich weiß nicht, ob ich dir das hätte sagen sollen«,
meinte Édouard.

Natürlich hätte er, aber gleichzeitig hatte es Hector
einen kleinen Stich ins Herz gegeben, daß Ying Li sich
nach ihm erkundigt hatte.

Wir haben schon eine Weile nicht mehr davon gesprochen, aber tatsächlich hatte er niemals wirklich aufgehört, an Ying Li zu denken, er dachte mehrmals pro Tag
an sie und sogar nachts, wenn er aufwachte. Zunächst
hatte er oft daran gedacht, Ying Li von ihrer Arbeit zu retten und sie in seine Heimat mitzunehmen, denn wenn
man jemanden liebt, sind das die beiden Dinge, die man
um jeden Preis will: Man möchte diese Person retten
(manchmal bedeutet das, sie vor sich selbst zu retten)
und sie immer an seiner Seite haben. Dann erlebte Hector
jenen Augenblick im Wandschrank, wo es nach toter
Ratte roch, und dort war ihm klar geworden, daß er Clara
noch immer sehr liebte. Und hinterher war er ein bißchen
sein eigener Psychiater geworden und der für seine Liebe
zu Ying Li. Er wußte, daß es in seiner Liebe zu ihr zu viel
von diesem Bedürfnis zu retten gab, von dem Wunsch,
ihr persönlicher Supermann zu sein, und es gab darin
auch viel von dem Bedürfnis, mit ihr die Dinge zu tun,

die verliebte Leute miteinander machen, und dann noch ziemlich viel von dem Wunsch, sich immer jung zu fühlen, wenn man mit ihr zusammen war, denn Ying Li war sehr jung und sah noch jünger aus.

Hector hatte in seinem Leben und seinem Beruf schon eine ganze Menge solcher Liebesbeziehungen gesehen, und er wußte, daß sie nicht immer sehr gut funktionierten. In seinem Heimatland hätte Ying Li nichts ohne ihn tun können, er wäre in jedem Augenblick ihr Super-Erretter gewesen, und für die Liebe war das nicht unbedingt das beste, selbst wenn es am Anfang richtig aufregend sein konnte.

Hector hatte über all das nachgedacht, aber vor allem, wie wir schon gesagt haben, vor allem hatte er gespürt, daß es Clara war, die er mit allen Sorten von Liebe liebte. (Denn von der Liebe gibt es noch mehr Sorten als vom Glück, aber um das zu erklären, müßten wir ein weiteres Buch schreiben.) Also sagte Hector zu Édouard: »Ich werde dich ein bißchen in der fünften Familie des Glücks schulen. Hast du dein Handy dabei?«

Natürlich hatte Édouard sein Handy stets mit, und er reichte es Hector.

Und da rief Hector Eduardo an.

Hector hat eine schöne Reise gemacht

Hector war in sein Land zurückgekehrt und hatte wieder begonnen, seinen Beruf auszuüben. Aber die Reise hatte seine Art zu arbeiten sehr verändert.

Er gab den Leuten immer noch kleine Pillen, wenn sie welche brauchten, und er versuchte weiterhin, ihnen mit einer Psychotherapie zu helfen, aus ihrer Lage herauszukommen. Aber jetzt hatte er dieser Psychotherapie eine neue Methode hinzugefügt.

Beklagte sich zum Beispiel eine gutgekleidete Dame, daß sie von niemandem geliebt werde – eine Dame, die immer so streng dreinblickte wie eine garstige Grundschullehrerin –, dann begann er ihr die Geschichte von den kleinen Bettelkindern zu erzählen, die immerzu lächelten, und fragte die Dame, warum diese Kinder ihrer Ansicht nach lächelten.

Oder wenn er einen Herrn in seiner Sprechstunde hatte, der sich immer Sorgen um seine Gesundheit machte, obwohl er nie ernstlich krank war, dann erzählte ihm Hector die Geschichte von Djamila, die wußte, daß sie bald sterben würde, und er fragte den Herrn, weshalb sie seiner Meinung nach lächelte und sich manchmal sogar glücklich fühlte.

Er erzählte ihnen auch von dem alten Mönch, vom Fest bei Marie-Louise, von Alan, der so gern rechnete, vom Eichhörnchen, das auf die fritierten Tintenfischringe wartete, und noch von vielen anderen Dingen, die ihm auf seiner Reise begegnet waren, sogar von solchen, die wir Ihnen nicht berichtet haben. Aber Hector erzählte diese Geschichten nie zu Ende, er bat die Leute immer, selbst das Ende zu finden, und das brachte sie zum Nachdenken, und manche sagten, wenn sie das nächste Mal kamen, sie hätten etwas Wichtiges begriffen.

Adeline, die sich immer über die Männer beklagte, erzählte er, wie glücklich sich Agnès schätzte. Aber das klappte nicht besonders gut, denn Adeline war eher genervt, daß Hector seine Zeit damit verplemperte, von einer anderen Frau als von ihr zu sprechen. Dann fragte sie noch, ob Alan mit seinen Aufsätzen dort richtig berühmt war, und Hector begriff, daß er mit ihr noch eine Menge Arbeit haben würde.

Er sah auch Roger wieder und Madame Irina.

Roger war höchst erfreut, weil ihn Leute, die sich um Menschen wie ihn kümmern, für eine Wallfahrt eingeschrieben hatten. Vielleicht brauchte man ihm in dieser Zeit nicht so viele Medikamente zu geben.

Madame Irina sagte, sie komme nur vorbei, um sich von Hector zu verabschieden, denn inzwischen sah sie von neuem in die Zukunft. Sie blickte Hector an und sagte: »Oh, oh, Herr Doktor, ich sehe, daß Sie nicht sehr weise gewesen sind, dort unten in China!«

Hector antwortete, das stimme überhaupt nicht, im Gegenteil, gerade in China habe er zur Weisheit gefunden, und Madame Irina mußte darüber lachen.

Natürlich hatte er ihr nichts von Ying Li erzählt, und überhaupt sprach er mit niemandem über sie, außer manchmal mit Édouard am Telefon. Denn jetzt arbeitete

Ying Li nicht mehr in der Bar mit der sanften Beleuchtung, sondern sie arbeitete für Édouard; sie bereitete in der Bank seine Dossiers vor. Édouard sagte, damit komme sie sehr gut zurecht, denn wenn man jung ist, hat man den Vorteil, sehr schnell zu lernen.

Nun fragen Sie sich bestimmt, wie das alles möglich war, denn Sie erinnern sich ja an den großen Chinesen und an die Dame im Auto, die Ying Li an dem Abend, als sie mit Hector ausgegangen war, böse angeguckt hatte. Ying Li war für diese Personen von großem Wert, und überhaupt war sie auch gar nicht verkäuflich, sondern bloß zu mieten, wenn man ein Kunde war. Also müssen wir Ihnen das erklären.

Im Restaurant hatte Hector mit Édouards Handy bei Eduardo angerufen. Vorher hätten wir Ihnen vielleicht noch etwas anderes erzählen sollen: Als Hector im großen Meist-Land gewesen war, hatte ihn Eduardo angerufen, um mit ihm über seine Frau zu reden. (Hinterher hatte Hector sich gefragt, woher Eduardo wußte, daß er bei Alan und Agnès war, aber später hatte Clara ihm erzählt, daß ein Freund mit spanischem Akzent in ihrem Büro angerufen hatte, um herauszufinden, wo man Hector erreichen konnte. Weil Hector mit Eduardo niemals über Clara gesprochen hatte, machte das die Dinge nicht gerade einfacher, aber wie wir schon gesagt haben, ist es manchmal besser, nicht zu begreifen.)

Am Telefon hatte Eduardo erzählt, daß es seiner Frau viel bessergehe, seit sie die Pillen nahm, zu denen Hector ihr geraten hatte, und noch besser, seit sie zu dem Psychiater ging, den Hector empfohlen hatte.

»Es ist wunderbar«, sagte Eduardo. »Ich habe sie wiedergefunden. Ich habe das Gefühl, wieder mit der Frau zusammenzuleben, die ich einmal kannte, als sie noch nicht krank war!«

Und er sagte Hector, daß er ihm eine Menge schuldig sei und daß er ihm ein schönes Geschenk machen wolle. Und Leute wie Eduardo, die kennen sich aus mit Geschenken. Aber Hector sagte ihm, daß er ihn vielleicht lieber um einen Gefallen bitten würde, aber daß er erst noch ein bißchen darüber nachdenken müsse. Eduardo sagte O.k.; er könne Hector egal welchen Gefallen tun.

Als Hector nun bei Eduardo anrief, bat er ihn um den Gefallen. Und Eduardo sagte: »Gar kein Problem.« Übrigens kannte auch er die Bar mit der sanften Beleuchtung, denn er ging dort hin, wenn er geschäftlich in China zu tun hatte. Hector stellte sich vor, welches Gesicht der große Chinese gemacht haben mochte, als man ihm sagte, daß Ying Li künftig nicht mehr ihm gehörte. Dieses Bild bereitete Hector viel Vergnügen, denn er erinnerte sich daran, in welchem Ton der große Chinese mit Ying Li gesprochen hatte, als sie aus dem Restaurant gekommen waren; diese Szene hatte ihn ganz schön aufgeregt, und er hatte seitdem oft daran gedacht.

Na schön, das ist also das Ende der Geschichte.

Ying Li arbeitete weiter mit Édouard zusammen, sie machte große Fortschritte und begegnete eines Tages einem Jungen ihres Alters, der aus dem gleichen Land wie Hector kam und seinen Militärdienst in China ableisten wollte (jene Art von Militärdienst, wie ihn die Kinder der schick angezogenen Leute machen), und dann heirateten sie. Später hatten sie ein Baby, und Édouard wurde sein Patenonkel. Ying Li wollte das Baby Édouard nennen, aber Édouard meinte, er fände Eduardo besser, damit man ihn und das Baby nicht verwechsele.

Édouard selbst fühlte sich ein bißchen glücklicher, vielleicht, weil er die fünfte Familie des Glücks entdeckt hatte, vielleicht auch, weil er hin und wieder den alten Mönch in seinem Kloster besuchte. (Hector hatte ihm die Adresse gegeben.) Der alte Mönch wurde immer kleiner und immer müder, aber von Zeit zu Zeit lachte er noch, wenn er mit Édouard sprach.

Schließlich hörte Édouard zu arbeiten auf, kurz bevor er seine drei Millionen Dollar verdient hatte. Danach machte er das gleiche wie vorher, aber kostenlos. Er arbeitete, um den richtigen Leuten aus Ländern wie dem von Marie-Louise zu helfen, daß sie genug Geld zusammenbekamen, damit die kleinen Kinder in die Schule gehen oder sich vom Arzt behandeln lassen konnten oder damit man den erwachsenen Leuten Geld leihen konnte, damit sie eine Arbeit anfingen, die ihrerseits Geld eintrug, damit wiederum die kleinen Kinder in die Schule gehen oder sich vom Arzt behandeln lassen konnten. Édouard mochte seinen neuen Beruf wirklich. Er hatte die Lektion Nr. 4, *Viele Leute denken, daß Glück bedeutet, reicher oder mächtiger zu sein*, durch Lektion Nr. 13 ersetzt: *Glück ist, wenn man spürt, daß man den anderen nützlich ist.* Sie werden nun vielleicht sagen, daß man Édouard dafür nicht besonders zu bewundern braucht, denn mit seinen drei Millionen Dollar war er sowieso schon reich genug, aber man muß auch verstehen, daß drei Millionen in seinen Augen gar kein Reichtum waren, denn er kannte ziemlich viele Leute, die zwanzig oder mehr Millionen verdient hatten und an nichts anderes dachten, als immer noch mehr zu verdienen.

Eines Tages bekam Hector einen Brief von Djamilas Schwester. In dem Brief steckte ein sehr schönes Foto von

Djamila, das aus der Zeit vor ihrer Krankheit stammte, und sie lächelte mit jener Art Lächeln, die zeigt, daß jemand glücklich ist. Die Schwester schrieb, daß Djamila ihr von Hector erzählt hatte. Sie hatte eine sehr gute Erinnerung an ihn bewahrt und wollte, daß man ihm dieses Foto schickte, wenn sie nicht mehr da war.

Jean-Michel behandelte weiterhin die Kinder und ihre Mütter, Alan stellte immer noch Berechnungen an und ging jeden Morgen joggen, Agnès untersuchte die Kinder der anderen und kümmerte sich gut um ihre eigenen, und das Eichhörnchen kam nach wie vor zur Mittagszeit in die Cafeteria gehüpft. Aber Sie wissen ja, all diese Leute waren schon ziemlich glücklich, ehe wir unsere Geschichte zu erzählen begonnen haben, außer vielleicht der große Professor, der wegen Rosalyn und Rupert weiterhin manchmal litt. Bisweilen dachte Hector auch an die Cousine von Marie-Louise, und einmal sah er sie sogar wieder, als sie Urlaub in seinem Land machte. Diesmal waren sie sehr brav und gingen bloß gemeinsam zum Mittagessen. Denn es gibt Augenblicke, wo es nicht wirklich dumm ist, wenn man Dummheiten anstellt, und andere, wo es doch dumm wäre, und dann soll man es lieber lassen.

Hector empfing in seiner Sprechstunde weiterhin Leute, die zu traurig waren oder zu viel Angst hatten oder richtiges Unglück erlebten oder die ohne all das trotzdem unglücklich waren. Aber seit der Reise liebte er seinen Beruf mehr als früher, und Clara liebte er auch mehr als früher. Und so begann sich Clara weniger für ihre Sitzungen zu interessieren, sie brachte fürs Wochenende keine Arbeit mehr mit und fing an, sich auf der Straße nach den Babys umzudrehen. Und das hatte auch Hector bemerkt.

Und so heirateten Hector und Clara und lebten glücklich und zufrieden und bekamen einen kleinen Jungen, der Psychiater wurde, ganz wie sein Papa.

Dank

Mein Dank gilt meinen Freunden und ihren Angehörigen, die mich während meiner Reisen, welche Hectors Reise vorausgingen, in ihren Ländern aufgenommen haben: Hans und Elisabeth, Peter und Margaret, Bob und sein Team von der University of California, Los Angeles, Siew und Khai, Marie-Joséphine und Cyril. Ich danke Étienne dafür, daß er mich ins Reich der Mitte geführt hat, und dem talentierten Reiseführer Nicolas, der immer da war, wenn man ihn brauchte. Gedankt sei auch dem Aviation Medical Assistance Act, welcher künftig Ärzte schützt, die auf Flugreisen medizinische Hilfe leisten. Es ist mir ebenso ein Bedürfnis, dem ganzen Team des Verlages Éditions Odile Jacob zu danken, besonders den Lesern von Hectors allerersten Abenteuern: Jean-Luc Fidel, Catherine Meyer, Cécile Andrier und Jean-Jérôme Renucci. Und ein Dankeschön an Odile Jacob für ihre Aufmerksamkeit und die Ratschläge, die sie mir nun schon seit Jahren erteilt.

François Lelord

... wurde am 22. Juni 1953 in Paris geboren, sein Vater war Kinderpsychiater, seine Mutter arbeitete in der Stadtverwaltung von Paris.

»Mein Vater war ebenfalls Psychiater, und so verbrachte ich meine Kindheit und Jugend in einem Haus aus dem 19. Jahrhundert, das zu der Klinik im sechsten Arrondissement gehörte, in der mein Vater tätig war. Seine Patienten arbeiteten – wie es damals üblich war – bei uns als Hausmädchen und Gärtner. Mit manchen von ihnen freundete ich mich an und gewöhnte mich an ihre delirierenden Ausbrüche: den Gärtner, der sich unter den Rasensprenger legte, um sich vor Strahlungen vom Mars zu schützen, die Köchinnen, die am Herd mit denen sprachen, deren Stimmen sie immerzu hörten ... Bestimmt beeinflußten diese frühen Begegnungen Hectors Sicht auf die Welt.«

... Mit 11 Jahren liest er Freuds »Einführung in die Psychoanalyse«.

... 1981 bis 1985 Assistenzarzt am Centre Hospitalier Universitaire de Tours.

... 1985 Doktor der Medizin, Certificat d‹Etudes Spéciales de Psychiatrie.

Thema der Doktorarbeit: Kognitive Therapieformen bei Depressionen.

... 1985 Das kalifornische Jahr. Post-Doktorat an der Universität von Los Angeles bei Professor Robert Paul Liberman.

»Kalifornien machte es mir leicht. Der blaue Himmel, Palmen, der Pazifik, die Hollywood-Partys und zugleich die besten Arbeitsbedingungen in einem hervorragenden Forschungsteam, das den Postdoktoranden mit dem schrecklichen Englisch so herzlich aufnahm ... Ich fühle mich nostalgisch, sobald ich Santa Monica, Pacific Palisades oder Malibu höre. Und erst mein Pontiac Le Mans Cabriolet ...«

... 1986 bis 1988 Oberarzt Hôpital Necker – Université René Descartes, Paris.

... 1989 bis 1996 Psychiater in Paris mit Arbeitsschwerpunkt in den Bereichen Angst, Depression, Streß. 1996 schließt Lelord seine Praxis, um sich und seinen Lesern die wirklich großen Fragen des Lebens zu beantworten. Er ist viel auf Reisen, besonders gerne in Asien.

... 1993 Veröffentlichung der »Contes d'un psychiatre ordinaire« bei Éditions Odile Jacob: Fallstudien aus der Psychiatrie in Erzählform (Überarbeitete Ausgabe bei Piper in Vorbereitung).

... 1996 bis 2004 Beratung der Personalabteilungen öffentlicher Institutionen und Firmen. Audits zu den Themen »Zufriedenheit im Beruf« und »Streß«

»Wie Hector war ich jahrelang als Berater für große Firmen tätig. Die Welt der Arbeit hat mich immer interessiert und ich finde es nie langweilig, wenn jemand von seinem Berufsalltag erzählt. Das Hickhack am Arbeitsplatz ist ein faszinierendes Thema, solange man nicht direkt betroffen ist! Zusammen mit anderen Psychiatern arbeitete ich an verschiedenen empirischen Studien über Zufriedenheit im Beruf und Streß., Assessment und Recruiting waren allerdings nie mein Ding. Für Psychiater geht es doch um das Gegenteil: wie bestehe ich ein Bewerbungsgespräch ohne über meine turbulente Vergangenheit sprechen zu müssen ...«

... 2002 »Hectors Reise oder die Suche nach dem Glück« erscheint zunächst in Frankreich. Der Bestseller wird in 14 Länder verkauft und steht in Deutschland seit Erscheinen im Mai 2004 ganz oben auf der Bestsellerliste.

»Hectors Erfolg in Deutschland macht mich glücklich. Ich fühle mich meinen so zahlreichen Lesern sehr verbunden, obwohl ich nicht einmal ihre Sprache spreche. Ich danke meinem Übersetzer und meinem Verlag, und ich bedaure, Griechisch und Latein gelernt zu haben und nicht Deutsch. Ein Jammer, Aristoteles wird meine Bücher niemals lesen ...«

... seit 2004 Psychiater am Hôpital Français in Hanoi, Vietnam, sowie am Centre Médical International (Fondation Alain Carpentier) in Ho Chi Minh Stadt

»Asien ist eine Zäsur für mich, hier beginnt der zweite Teil meines Lebens. Wenn alles neu ist, fühlt man sich selbst wie neugeboren, also, sehr jung! Und in Ländern wie Vietnam oder Kambodscha denkt man sehr viel über das Glück nach ...«

»Viele fragen sich, ob Hector und ich ein- und dieselbe Person sind. Da ist etwas Wahres dran, aber mir wird immer klarer: die Person, der Hector wirklich ähnelt, ist mein Vater. Kürzlich sagte ein sehr kluger Freund, der Hectors Reise gelesen hatte, zu ihm: ›Hector, das bist doch eindeutig du!‹ Aber natürlich ähneln auch wir beide uns.«

François Lelord bei Piper

Hectors Reise oder die Suche nach dem Glück
Aus dem Französischen von Ralf Pannowitsch

Hector und die Geheimnisse der Liebe
Aus dem Französischen von Ralf Pannowitsch

Hector und die Entdeckung der Zeit
Aus dem Französischen von Ralf Pannowitsch

François Lelord / Christophe André
Die Macht der Emotionen
Aus dem Französischen von Ralf Pannowitsch

Leseprobe

aus dem neuen Buch (Herbst 2006) von François Lelord:
»Hector und die Entdeckung der Zeit«.

Aus dem Französischen von Ralf Pannowitsch

Es war einmal ein junger Psychiater namens Hector.
Eigentlich war er kein ganz junger Psychiater mehr, aber
Vorsicht, ein alter Psychiater war er eben auch noch
nicht! Von weitem hätten Sie ihn für einen jungen Mann
halten können, der seinen Doktortitel noch nicht erwor-
ben hatte, aber aus der Nähe erkannten Sie besser, daß er
bereits ein richtiger Doktor mit einer gewissen Erfahrung
war.

Als Psychiater hatte Hector eine sehr wichtige Eigen-
schaft: Wenn man mit ihm sprach, wirkte es immer so, als
würde er viel nachdenken über das, was man ihm erzählte. Die Leute, die in seine Sprechstunde kamen,
mochten ihn dafür sehr, denn sie hatten den Eindruck,
daß er über ihren Fall nachsann (was auch fast immer
stimmte) und das Mittel herausfinden würde, mit dem es
ihnen wieder besser ging. Zu Beginn seiner Karriere
hatte sich Hector beim Nachdenken den Schnurrbart ge-
zwirbelt, aber jetzt trug er keinen mehr. Als debütieren-
der Psychiater hatte er sich einen wachsen lassen, um älter auszusehen, und heute war das nicht mehr nötig, weil
er eben kein wirklich junger Psychiater mehr war. Die
Zeit war, wie man so sagt, nicht spurlos an ihm vorübergegangen.

An den Möbeln seines Sprechzimmers allerdings war

sie durchaus ein bißchen spurlos vorübergegangen, denn Hector hatte die Einrichtung seiner Anfänge behalten – mit einer altertümlichen Couch, die ihm von seiner Mutter geschenkt worden war, als er sich niedergelassen hatte, mit hübschen Bildern, die er sehr mochte, und sogar einer kleinen Skulptur, die ihm ein Freund aus dem Land der Eskimos mitgebracht hatte: einem Bären, der sich gerade in einen Adler verwandelte, was bei einem Psychiater ziemlich originell war. Von Zeit zu Zeit, wenn Hector den Patienten zuhörte und sich schon allzulange in seinem Sprechzimmer eingezwängt fühlte, blickte er auf den Bären mit den großen Flügeln, die ihm aus dem Rücken wuchsen, und dann träumte er, daß er selbst abheben und davonfliegen würde – aber nur eine kleine Weile, denn schnell kamen ihm Schuldgefühle, wenn er der Person, die da vor ihm saß und von ihrem Unglück erzählte, nicht richtig zuhörte. Hector war nämlich ein gewissenhafter Bursche.

Die meiste Zeit sah er erwachsene Leute, die einen Psychiater zu konsultieren beschlossen hatten, weil sie zu traurig waren oder zu unruhig oder nicht zufrieden mit ihrem Leben. Hector ließ sie reden, stellte ihnen Fragen und gab ihnen manchmal auch kleine Pillen – und oft alles drei zusammen, ein bißchen wie jemand, der mit drei Bällen gleichzeitig jongliert; die Psychiatrie, kann man sich vorstellen, ist mindestens ebenso schwierig. Hector liebte seinen Beruf sehr, zuallererst einmal, weil er oft das Gefühl hatte, nützlich zu sein. Außerdem interessierte ihn fast immer, was seine Patienten ihm erzählten.

Von Zeit zu Zeit sah Hector zum Beispiel eine junge Dame, Cécile, die ihm stets Sachen berichtete, über die er nachdenken mußte. Denn mit Hectors Beruf ist es kurios: Wenn man seinen Patienten zuhört, lernt man eine Menge Dinge, während die Patienten häufig annehmen, man wüßte schon beinahe alles.

Das erste Mal war Cécile in Hectors Sprechstunde gegangen, weil ihr bei der Arbeit zu viele Emotionen hochkamen. Cécile arbeitete in einem Büro, und ihr Chef war nicht nett zu ihr, er brachte sie oft bis an den Rand der Tränen. Zum Weinen versteckte sie sich selbstverständlich immer, aber ganz schön ärgerlich war es trotzdem.

Nach und nach ließ Hector das Gefühl in ihr entstehen, daß sie vielleicht etwas Besseres verdient hatte als einen unnetten Chef, und Cécile gewann genügend Selbstvertrauen, um sich eine neue Stelle zu suchen, und jetzt war sie glücklicher.

Allmählich hatte sich Hectors Arbeitsweise gewandelt. Zu Beginn hatte er den Leuten vor allem helfen wollen ihren Charakter zu ändern. Das tat er natürlich immer noch, aber jetzt versuchte er ihnen auch zu helfen, ein neues Leben zu finden, das besser zu ihnen paßte. Denn – um einen schönen Vergleich anzustellen – wenn Sie eine Kuh sind, werden Sie es niemals schaffen, sich in ein Pferd zu verwandeln, selbst mit einem guten Psychiater nicht, und es wäre besser, Sie fänden eine hübsche Weide an irgendeinem Fleck, wo man Milch braucht, statt immerfort zu versuchen, auf der Pferderennbahn herumzugaloppieren. Und vor allem sollten Sie keine Stierkampfarena betreten, denn so was ist immer eine Katastrophe.

Cécile wäre nicht besonders erfreut gewesen, wenn man sie mit einer Kuh verglichen hätte, die doch ein sanftmütiges und sympathisches Tier ist und außerdem, wie Hector schon immer gedacht hatte, eine sehr gute Mutter. Man muß dazu sagen, daß Cécile auch sehr intelligent war, und bisweilen machte sie das nicht froh, denn wie Sie vielleicht selbst schon bemerkt haben, bedeutet Glück manchmal, daß man nicht alles begreift.

Eines Tages meinte Cécile zu Hector: »Manchmal sage ich mir, daß das Leben ein einziger Betrug ist.«

Hector schreckte hoch.

»Was wollen Sie damit sagen?« fragte er. (Das waren seine üblichen Worte, wenn er es beim ersten Mal nicht richtig verstanden hatte.)

»Na ja, man wird geboren, muß sofort funktionieren, in die Schule gehen, arbeiten, Kinder kriegen, und dann sterben einem die Eltern weg, und wutsch, schon wird man selber alt und es ist vorbei.«

»Aber das dauert immerhin eine gewisse Zeit, nicht wahr?«

»Ja, aber es geht alles so schnell vorüber. Vor allem, wenn man nie Zeit hat, mal richtig innezuhalten. Ich zum Beispiel – tagsüber der Job, abends die Kinder und mein Mann. Und auch er kommt nie zum Atemholen, der Ärmste.«

Cécile hatte einen netten Ehemann (einst hatte sie auch einen netten Vater gehabt, was die Chancen erhöht, gleich beim ersten Versuch einen netten Mann zu finden). Er arbeitete eine Menge, und zwar ebenfalls in einem Büro, und dann hatten sie noch zwei kleine Kinder, von denen das eine gerade in die Schule gekommen war.

»Ich habe immer das Gefühl, mir würde eine Uhr im Bauch stecken«, sagte Cécile. »Morgens muß ich alles vorbereiten, dann rechtzeitig loskommen, um die Kleine zur Schule zu bringen, danach flitze ich ins Büro, und es gibt Sitzungen, zu denen man pünktlich erscheinen muß, während sich die restliche Arbeit immer mehr anhäuft, und auch abends muß ich mich beeilen, das Kind abholen oder pünktlich dasein, wenn das Kindermädchen Schluß hat, und dann ist das Abendessen zuzubereiten und die Hausaufgaben sind durchzusehen, und dabei gehöre ich ja noch zu den Glücklichen, denn mein Mann hilft mir. Spät am Abend haben wir gerade noch ein paar Augenblicke Zeit, miteinander zu reden, und dann schlafen wir sofort ein, weil wir so erledigt sind.«

Hector wußte das alles, und vielleicht war dies auch ein wenig der Grund gewesen, weshalb er eine Menge Zeit damit verbracht hatte, darüber nachzudenken, ob man es nicht in Erwägung ziehen könnte, es sich vielleicht einmal zu überlegen, ob man sich dafür entscheiden sollte, allen Ernstes daran zu denken, sich zu verheiraten und Babys in die Welt zu setzen.

»Ich wünschte mir, die Zeit würde langsamer verrinnen«, sagte Cécile. »Ich möchte Zeit haben, das Leben auszukosten. Zeit für mich selbst, um all das machen zu können, was mir vorschwebt.«

»Und wie ist es im Urlaub?« fragte Hector.

Cécile lächelte.

»Sie haben keine Kinder, nicht wahr?«

Hector gab zu, daß er tatsächlich kinderlos war, vorläufig jedenfalls.

»Ich glaube, letzten Endes komme ich auch deshalb in Ihre Praxis«, sagte Cécile. »Diese Konsultation ist der einzige Augenblick, an dem der Zeiger für mich stillsteht und die Zeit voll und ganz mir gehört.«

Hector verstand Cécile gut, um so mehr, als auch er während des Arbeitstages oft den Eindruck hatte, eine

Uhr im Bauch zu tragen – und all seinen Kollegen erging es ebenso. Wenn Sie Psychiater sind, müssen Sie immerzu auf die Zeit achten, denn wenn Sie einen Patienten zu lange reden lassen, sitzt im Wartezimmer schon der nächste und wird ungeduldig, und dann geraten Sie mit allen restlichen Terminen in Verzug. (Manchmal war es sehr schwierig, denn es konnte passieren, daß drei Minuten vor Ende der Konsultation, gerade in dem Moment, wo Hector in seinem Sessel hin- und herzurutschen begann, um anzudeuten, daß die Zeit gleich vorüber war, die Person ihm gegenüber plötzlich sagte »Doktor, im Grunde glaube ich, daß meine Mutter mich niemals geliebt hat« und daraufhin in Tränen ausbrach.)

Die Uhr im Bauch, sagte sich Hector. Es war ein Problem für so viele Menschen, Mütter inbegriffen. Was aber sollte er tun, um ihnen zu helfen?

Ein andermal hörte Hector Fernand zu, einem leicht seltsamen Herrn, der nichts Besonderes an sich hatte, außer daß er keine Freunde besaß. Eine Frau hatte er auch nicht und eine kleine Freundin ebensowenig. Ob das wohl an seiner eintönigen Redeweise lag oder an der Tatsache, daß er ein bißchen wie ein Reiher aussah? Hector wußte es nicht, aber jedenfalls fand er es sehr ungerecht, daß Fernand keine Freunde hatte, denn er war nett und sagte sehr interessante Dinge, wenngleich sie zugegebenermaßen ein wenig bizarr klangen.

Eines Tages sagte Fernand plötzlich: »Wie dem auch sei, Doktor, in meinem Alter bleiben mir eh bloß noch zweieinhalb Hunde.«

»Pardon?« sagte Hector.

Er erinnerte sich, daß Fernand einen Hund hatte. Eines

Tages war Fernand mit ihm in die Praxis gekommen, und es war ein wohlerzogener Hund gewesen, der während der ganzen Konsultation geschlafen hatte. Aber er besaß doch keine zwei Hunde, und noch weniger verstand Hector, was ein halber Hund sein sollte.

»Na ja«, meinte Fernand, »ein Hund lebt so vierzehn, fünfzehn Jahre, nicht wahr?«

Und da begriff Hector, daß Fernand die ihm verbleibende Zeit nach dem Leben der Hunde zählte, die er noch als Gefährten würde haben können.

Und gleich mußte sich auch Hector daranmachen, die Lebensfrist, die er noch vor sich hatte (die er *wahrscheinlich* noch vor sich hatte, denn Sie kennen ja weder den Tag noch die Stunde, wie schon vor langer Zeit jemand gesagt hatte, der ziemlich jung gestorben war) – gleich also mußte er seine eigene Lebensfrist in Hundeleben zählen, und er schwankte zwischen vier und fünf. Natürlich sagte er sich, daß diese Berechnungen noch kippen konnten, falls die Wissenschaft außergewöhnliche Fortschritte dabei machen sollte, einem das Leben zu verlängern, aber letzten Endes würden sie vielleicht doch nicht kippen, weil man dann wohl auch das Leben der Hunde verlängern würde – und dies, wohlgemerkt, ohne sie nach ihrer Meinung zu fragen.

Hector berichtete seinen Freunden von jener Methode, das eigene Leben nach Hundeleben zu berechnen, und sie reagierten völlig entsetzt: »Aber das ist ja schrecklich!«

»Und außerdem ist es doch sehr traurig, an den Tod seines Hundes zu denken.«

»Genau! Ich werde mir nie wieder einen anschaffen – der Tod unseres kleinen Darius war einfach zu bitter!«

»Du triffst wirklich Leute, die einen totalen Schlag haben!«

»Die Zeit in Hunden zählen! Warum nicht gleich in Katzen oder Papageien?«

»Und wenn er zu Hause eine Kuh hätte, würde er in Kühen zählen, oder was?«

Als Hector all seinen Freunden dabei zuhörte, wie sie über Fernands Idee sprachen, begriff er, daß ihnen eine Sache überhaupt nicht gefiel: Wenn man sein Leben in Hunden zählte, erschien es gleich viel kürzer. Zwei, drei oder vier Hunde, selbst fünf – das verschafft uns nicht gerade den Eindruck, daß wir noch eine lange Spanne Zeit vor uns hätten!

Jetzt verstand er besser, weshalb Fernand den Leuten ein bißchen angst machte mit seiner sonderbaren Sicht auf die Dinge. Hätte er sein Leben in Kanarienvögeln oder Goldfischen gezählt, wäre er womöglich leichter zu Freunden gekommen.

Mit seiner Einsamkeit und seiner bizarren Art hatte Fernand den Finger auf ein wirkliches Problem in Sachen Zeit gelegt, ein Problem, von dem seit jeher eine Menge Poeten gesprochen hatten und Cécile auch: die dahinfliegenden Jahre, die Flucht der Stunden, die zu schnell verrinnende Zeit.

Von Zeit zu Zeit kamen auch Kinder in Hectors Sprechstunde, und dann waren es natürlich die Eltern, die es so beschlossen hatten.

Keine Kinder, die richtig krank waren, sondern eher solche, deren Eltern es schwerfiel, sie zu verstehen, oder auch allzu traurige, allzu ängstliche oder allzu zappelige Kinder.

Eines Tages unterhielt er sich mit einem kleinen Jungen, der amüsanterweise ebenfalls Hector hieß. Petit Hector langweilte sich in der Schule schrecklich, die Zeit schien ihm dort viel zu langsam zu verstreichen, und so hörte er nicht richtig zu und hatte hinterher miese Noten.

Der großе Hector fragte den kleinen: »Und was würdest du dir heute von allen Dingen auf der Welt am meisten wünschen?«

Petit Hector brauchte nicht eine Sekunde nachzudenken: »Ich will sofort erwachsen sein!«

Hector war überrascht. Er hatte damit gerechnet, daß Petit Hector antworten würde »Meine Eltern sollen wieder zusammenkommen« oder »Ich möchte bessere Schulnoten haben« oder vielleicht »Ich möchte mit meinen Freunden in den Skiurlaub fahren können«.

Er fragte Petit Hector, weshalb er auf der Stelle erwachsen werden wolle.

»Um selbst zu entscheiden!« antwortete Petit Hector.

Wenn er nämlich jetzt sofort ein Großer wäre, erklärte Klein Hector weiter, könnte er selbst bestimmen, um wieviel Uhr er schlafen ging, wann er aufstand, wohin er in die Ferien fahren und welche Freunde er sehen wollte; er könnte sich vergnügen, womit er mochte, er brauchte die Erwachsenen nicht zu sehen, die er nicht sehen wollte (die neue Freundin seines Vaters beispielsweise), und er könnte einen richtigen Beruf haben, denn in der Schule zu sitzen war doch kein richtiger Beruf, und außerdem hatte man es sich auch gar nicht ausgesucht, und trotzdem mußte man dort Stunden und Jahre damit zubringen, die Zeit schneckenhaft langsam dahinkriechen zu sehen und sich furchtbar zu langweilen.

Hector dachte, daß sich Petit Hector falsche Vorstellungen vom Erwachsenenleben machte, denn immerhin mußten auch die Großen Dinge tun, die sie nicht gern taten, und Leute treffen, die sie lieber gemieden hätten. Das sagte er ihm aber nicht, denn für den Augenblick war es keine schlechte Sache, wenn Petit Hector von einer glücklichen Zukunft träumte, wo es doch mit seiner Gegenwart nicht so rosig aussah.

Und so fragte er Petit Hector: »Aber wenn du jetzt auf der Stelle ein Erwachsener wärst, würde das doch auch bedeuten, daß du schon eine ganze Menge Jahre hinter dir hättest und daß dir eine kürzere Spanne Leben übrigbliebe. Würde dich das nicht ärgern?«

Petit Hector überlegte.

»Einverstanden – das ist ein bißchen, als wenn man im Videospiel ein Leben weniger hat, ärgerlich ist das schon ... Aber es verdirbt einem doch nicht den Spaß am Weiterspielen!«

Und dann blickte er Hector an.

»Ärgert es Sie denn, daß Sie schon ein oder zwei Leben weniger haben?«

Und der große Hector sagte sich, daß Petit Hector eines Tages vielleicht Psychiater werden würde.

Wenn sein Arbeitstag zu Ende war, dachte Hector oft an all die Menschen, denen er zugehört hatte und die ihren Kummer mit der Zeit hatten.

Er dachte an Cécile, die die Zeit gern angehalten hätte.

An Fernand, der die Zeit in Hundeleben zählte.

An Klein Hector, der die Zeit beschleunigen wollte.

Und er dachte noch an viele andere ...

Hector verbrachte immer mehr Zeit damit, über die Zeit nachzudenken.

PIPER

François Lelord

Hector und die Entdeckung der Zeit

Aus dem Französischen von Ralf Pannowitsch. 224 Seiten.
Gebunden

Es war einmal ein junger Psychiater, der Hector hieß … Natürlich wollten alle, die zu ihm kamen, das Rezept zum Glücklichsein, und Hector hatte genügend Erfahrung, um dem einen oder anderen helfen zu können. Aber es beschäftigte ihn noch etwas anderes und er verbrachte mehr und mehr Zeit damit, über Zeit nachzudenken. Über ihren steten Fluß, die Jahre, die verfliegen, und die Frage, warum alle immer zuwenig Zeit haben, obwohl sie ständig in Eile sind. Und obwohl doch jeder eine Menge Zeit spart, weil alles schneller geht als damals, als man noch lange Briefe schrieb. Existiert die Zeit überhaupt, wenn das Vergangene vergangen ist, die Gegenwart augenblicklich Vergangenheit wird und das Zukünftige sich noch nicht ereignet hat? Hector beginnt die Suche nach der verlorenen Zeit und versucht herauszufinden, wie das Unmögliche möglich und ein flüchtiger Moment des Glücks Ewigkeit werden kann.

01/1589/01/R